SILENCE, ON VOLE !

COMPRENDRE LA PROBLÉMATIQUE DES NUISANCES SONORES AÉROPORTUAIRES EN BELGIQUE

Jean-Louis MIGEOT
Membre de l'Académie royale de Belgique

Jean-Pierre COYETTE
Professeur à l'Université catholique de Louvain

SILENCE, ON VOLE !

Comprendre la problématique des nuisances sonores aéroportuaires en Belgique

Classe Technologie et Société
ACADÉMIE ROYALE DE BELGIQUE

Publié avec le soutien de

Loterie Nationale

Académie royale de Belgique
rue Ducale, 1
1000 Bruxelles, Belgique
editions@academieroyale.be
www.academie-editions.be

Mémoires de la Classe Technologie et Société
Collection in-8°, IVe série, tome I
n° 2117

Crédits

Suivi et conception graphique :
Buscemi Loredana, Académie royale de Belgique

Photo de couverture :
© ALEX_UGALEK (Shutterstock)

Impression
IMP Printing s.a., 1083 Ganshoren

ISBN 978-2-8031-0616-5
ISSN 2593-0540
Dépôt légal : 2017/0092/18

Pour Sébastien,
qui aimait tant les avions.
Pour Diego, Caroline, Arthur et Emeline,
qui aimaient tant Sébastien.
Vole, volez, volons, sans bruit,
vers le meilleur bonheur possible.

Les auteurs soutiennent la fondation « *Les avions de Sébastien* » qui vise à financer, de manière récurrente, un poste de chercheur dans l'équipe du Prof. Constantinescu du Ludwig Cancer Institute au sein de l'Institut de Duve à Bruxelles. La recherche portera spécifiquement sur les leucémies rares chez l'enfant. Vous pouvez aider à sauver des vies en faisant un don sur le compte BE70 3634 1644 8625 de l'Institut de Duve, avec la mention « *Fond Sébastien d'Udekem* ».

Figure 1 — Extrait de TAKA TAKATA #6 — Silence, on vole !
© Éditions Azéko @ azara (www.taka-takata.com).
Avec l'aimable autorisation de l'auteur.

PRÉFACE

Selon l'ACI (Airport Council International), on peut estimer qu'actuellement près de 1 400 compagnies aériennes exploitent, au niveau mondial, plus de 25 000 avions transportant annuellement, au départ de 3 900 aéroports, 3,3 milliards de passagers dans un espace aérien géré par 173 services de navigation.

Les aéroports sont un maillon stratégique de cette chaîne du transport aérien et constituent d'importants pôles de développement économique. Leur exploitation a toutefois un impact environnemental négatif important : dégradation de la qualité de l'air, pollution des eaux et des sols, nuisances sonores.

La problématique des nuisances sonores aéroportuaires est l'objet de cet ouvrage. Ces nuisances sont subies par un nombre sans cesse croissant de citoyens et, pour de multiples raisons, la situation n'est pas près de s'améliorer.

- *Augmentation du trafic aérien :*
  les prévisions[1] établies en 2014 font état d'une flotte de 41 000 avions transportant 6,6 milliards de passagers à l'horizon 2032.
- *Augmentation du trafic nocturne :*
  une proportion significative des mouvements ont lieu en soirée ou durant la période de nuit avec des répercussions sur le sommeil des riverains.
- *Sensibilité et réactivité accrue des citoyens aux problèmes environnementaux :*
  les nuisances (quelle que soit leur nature) sont jugées de plus en plus insupportables par une majorité de personnes et celles-ci interpellent plus systématiquement les autorités publiques à ce propos.

1 ATAG (Air Transport Action Group), *Aviation Benefits Beyond Borders*, April 2014, http://aviationbenefits.org.

Même si les avions actuels ont des performances acoustiques nettement meilleures que leurs prédécesseurs[2], l'avènement d'avions silencieux[3] n'est pas prévisible à moyen terme. Face à l'augmentation du trafic, la seule issue réside dès lors dans la mise en œuvre de politiques appropriées d'accompagnement (isolation, rachat d'immeubles) et d'encadrement (aménagement du territoire, restrictions d'exploitation).

Les restrictions d'exploitation doivent toutefois être élaborées dans le cadre de *l'approche équilibrée (balanced approach)*, un concept défini par l'OACI[4] en 2001 et repris depuis dans la plupart des règlements internationaux. Cette approche impose de privilégier les mesures de réduction du bruit à la source, les dispositifs de maîtrise de l'urbanisation et l'amélioration des procédures de navigation aérienne avant de mettre en œuvre des restrictions d'exploitation.

Cet ouvrage présente, le plus objectivement possible, la problématique des nuisances sonores aéroportuaires. Il ne prend pas parti, n'offre pas de solution miracle, mais expose un certain nombre de faits, scientifiques, techniques, juridiques et politiques et indique quelques stratégies susceptibles de limiter les nuisances sonores associées à l'exploitation de plateformes aéroportuaires.

Certains éléments et figures de texte des chapitres introductifs du présent ouvrage ont été publiés précédemment dans l'un ou l'autre des volumes suivants :

- Jean-Louis Migeot, Jean-Pierre Coyette, Grégory Lielens, *Principes fondamentaux de l'acoustique linéaire*, Éditions Lavoisier (2015)
- Jean-Louis Migeot, *Des chiffres et des notes: quand la science parle à la musique*, Académie Royale de Belgique (2015)

2 Un avion à réaction des années 60, comme la Caravelle, produisait autant de bruit que 125 avions de la génération actuelle comme l'Airbus A320 [Ref. 37].

3 Voir à titre d'exemple le projet Silent Aircraft ([Ref. 42]) visant à développer un avion dont le bruit serait pratiquement imperceptible en dehors du périmètre aéroportuaire.

4 L'OACI est l'Organisation de l'Aviation Civile Internationale (en anglais : ICAO – International Civil Aviation Organization). Voir la liste d'acronymes en fin de volume.

Les auteurs ont bénéficié, au fil des années, de la compétence de très nombreux collègues qui ne peuvent tous être cités ici. Nous avons toutefois une dette particulière à l'égard de Frédéric Dobruszkes qui nous a permis d'utiliser un grand nombre de cartes tirées des deux rapports dont il a dirigé la rédaction au sein de l'IGEAT de l'ULB ([Ref. 23] et [Ref. 24]).

Il est apparu, longtemps après que le titre « Silence, on vole ! » ait été choisi, qu'il avait déjà été utilisé à deux reprises :

- pour un livre de souvenirs de guerre : *Silence, on vole: la vie d'un groupe d'aviation de chasse français dans la RAF racontée par ses pilotes disparus ou vivants*, Éditions Arthaud, 1946 ;
- pour un recueil des aventures en bandes dessinées du soldat nippon Taka Takata dessiné par Jo-El Azara, Éditions Azeko, 1994 [Figure 1].

Il nous est apparu que, vu la différence évidente de thématique, de style, de date de publication, de format et de public, nous pouvions conserver notre titre original sans risque de confusion.

Ce mémoire reflète les informations connues des auteurs au 30 avril 2017. Le dossier évoluant régulièrement, il est possible que des éléments nouveaux soient apparus entre cette date et la date de parution.

CHAPITRE 1

QU'EST-CE QU'UN SON ?

Commençons par définir le phénomène sonore.

1.1 LE SIGNAL SONORE

D'un point de vue physique, un son est une fluctuation *petite* et *rapide* de la pression atmosphérique autour de sa valeur moyenne. On appelle *signal sonore* la fonction *p(t)* qui représente, en un point donné, l'évolution de la pression acoustique[1] en fonction du temps. Un signal caractéristique est représenté aux Figures 2 et 3.

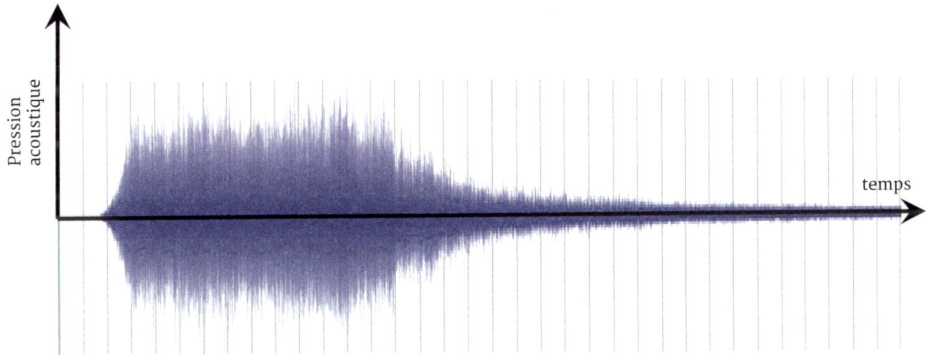

Figure 2 — Signal sonore correspondant au passage d'un avion à réaction. La durée de l'enregistrement est de 17 secondes.

1 On appelle *pression acoustique* la différence entre la pression totale mesurée en un point et la pression atmosphérique en ce point. Il s'agit donc de l'excès ou du défaut de pression engendré par le phénomène sonore.

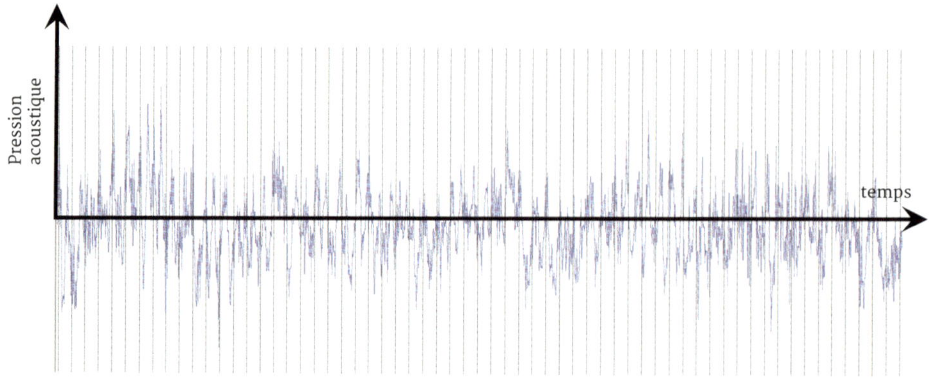

Figure 3 — Zoom sur 20 millisecondes du signal de la Figure 2. On voit plus nettement les oscillations entre surpression (pression acoustique positive, pression totale supérieure à la pression atmosphérique) et dépression (pression acoustique négative, pression totale inférieure à la pression atmosphérique).

Petite ?

Notre oreille est un instrument extrêmement sensible et nous sommes capables de percevoir des fluctuations de pression de très petite amplitude. Le seuil d'audibilité[2] correspond à des amplitudes de fluctuation de pression de l'ordre du cent-millième de Pascal[3], soit un dix-milliardième d'atmosphère !

À l'autre extrême, la fluctuation de pression a rarement une amplitude supérieure à 100 Pa[4], ce qui n'est encore qu'un millième de la pression atmosphérique [Figure 4]. Globalement, la gamme de fluctuations de pression à laquelle notre oreille est sensible couvre donc plus de huit ordres de grandeur (10^{-5} à 10^{3} Pa).

2 Le seuil d'audibilité dépend de la fréquence du signal et varie nettement d'un sujet à l'autre. Nous associons ici le seuil d'audibilité à la pression acoustique de référence (2.10^{-5} Pa) correspondant, par définition, à un niveau sonore nul (0 dB). La notion de décibel sera introduite à la section 3.1.

3 Le Pascal (Pa) est l'unité internationale de pression. Une pression de 1 Pa représente une force totale de 1 Newton distribuée sur une surface de 1 mètre carré.

4 Le niveau sonore associé à une fluctuation de pression de 100 Pa est de 130 dB. Des niveaux plus élevés peuvent être relevés, au voisinage d'un moteur d'avion ou d'une fusée par exemple, mais rarement dans la vie courante.

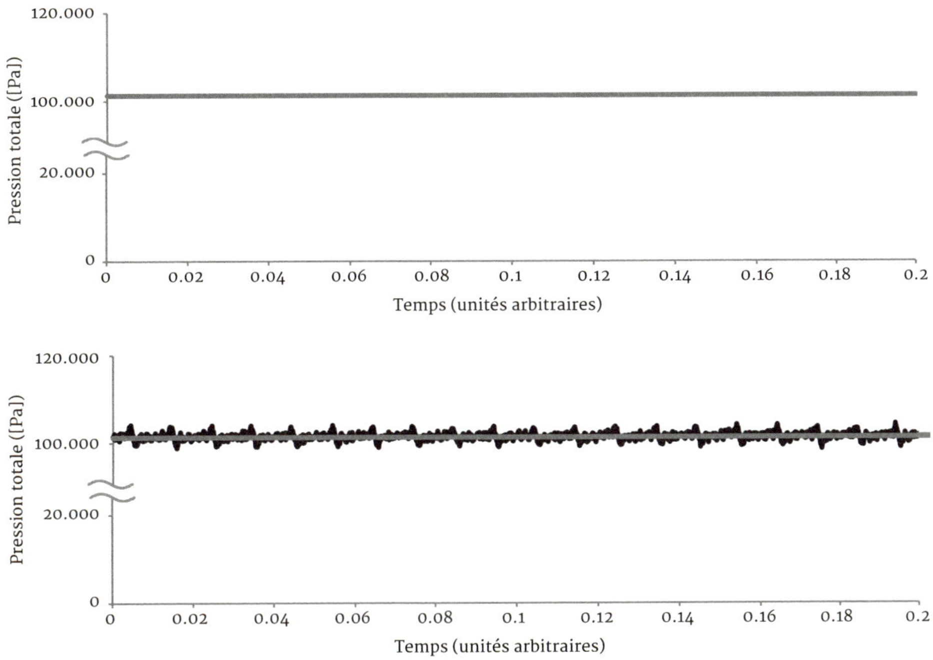

Figure 4 — La fluctuation de pression associée à un phénomène sonore est si faible qu'au niveau déjà élevé de 100 décibels (figure du haut) la fluctuation n'est pas visible sur le graphique donnant la pression totale en fonction du temps : elle disparaît dans l'épaisseur du trait. Il faut monter à des niveaux extrêmement élevés (160 décibels, graphe du dessous) pour que la fluctuation devienne visible.

Rapide ?

Pour qu'une fluctuation de pression crée une impression sonore, elle doit alterner suffisamment rapidement les phases de surpression et de dépression [Figure 5]. La limite inférieure de la sensibilité auditive humaine se situe approximativement à la fréquence de 20 Hz[5] ; en dessous de ce seuil s'ouvre le domaine des infrasons que nous percevons, avec le corps entier, comme une vibration de l'air autour de nous et non, comme le son, avec nos oreilles.

Plus le rythme de ces fluctuations est rapide, plus le son est aigu. À haute fréquence notre oreille ne perçoit plus les fluctuations de la pression et nous entrons dans le domaine des ultrasons. La limite de perception des hautes fréquences se situe aux alentours de 16 000 Hz ; elle dépend toutefois beaucoup du sujet, notamment de son âge.

5 Le Hertz (Hz ou s^{-1}, nombre de cycles par seconde) est l'unité internationale de fréquence. Une fréquence de 20 Hz indique que la pression passe 20 fois par seconde par le même cycle de surpression-dépression.

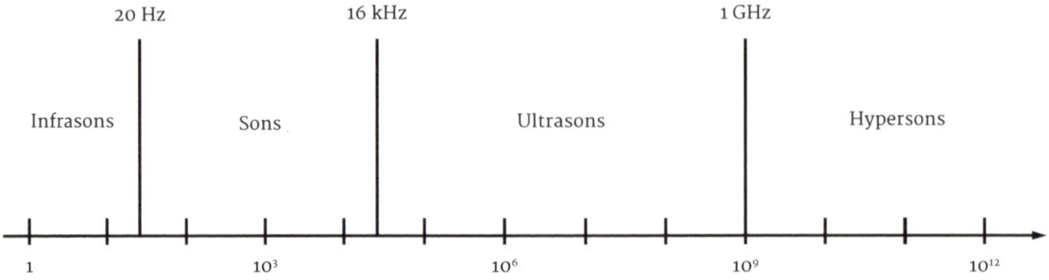

Figure 5 — Domaines de fréquence associés aux infrasons, sons, ultrasons et hypersons. L'axe des fréquences est gradué en Hertz suivant une échelle logarithmique[6].

En réalité, même si nous sommes sensibles à une large gamme de fréquences, la plupart des sons que nous entendons au quotidien (musique, voix humaine) sont concentrés dans une gamme moins étendue comme en témoigne la Figure 6 qui représente un clavier de piano et la fréquence des notes associées[7].

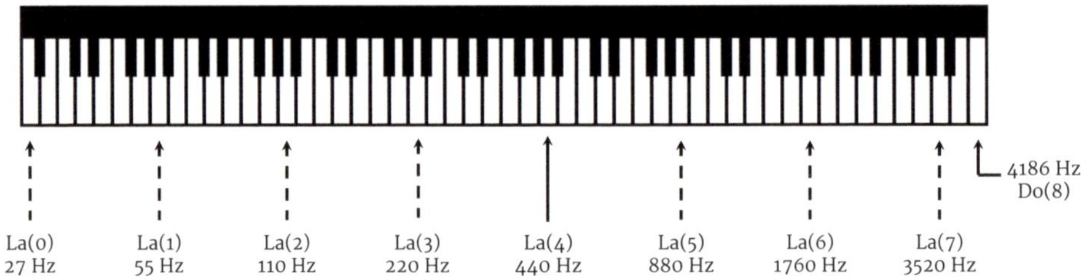

Figure 6 — Le clavier d'un piano émet des sons dont la fréquence va de 27 Hz pour le La(0) situé à l'extrême gauche du clavier à 4 186 Hz pour le Do(8) situé à l'extrême droite.

1.2 LE SPECTRE SONORE

Le signal sonore de la Figure 2 a une forme complexe et il est difficile de saisir visuellement les caractéristiques du son correspondant. Les acousticiens ont

6 C'est-à-dire que pour passer d'une graduation à une autre on *multiplie* par un terme constant (ici 10) plutôt que *d'ajouter* un terme constant. On utilise dans la figure la notation exponentielle qui est classique dans le domaine scientifique : 10^3 = mille (préfixe kilo ou k), 10^6 = un million (préfixe méga ou M), 10^9 = un milliard (préfixe giga ou G), 10^{12} = mille milliards (préfixe téra ou T).

7 Il s'agit de ce qu'on appelle la fréquence fondamentale de la note c'est-à-dire la fréquence la plus basse de son spectre (voir section 1.2).

en général recours à une représentation alternative qu'on appelle le *spectre sonore*.

Pour comprendre ce qu'est un spectre, commençons par observer que le signal sonore le plus simple qu'on puisse concevoir est celui représenté à la Figure 7 ; on parle d'un *son pur*. La Figure 8 montre alors qu'on peut engendrer un son complexe en superposant des sons purs de différentes fréquences et amplitudes.

Le spectre du signal est un diagramme représentant l'amplitude de chacun des sons purs constitutifs en fonction de sa fréquence[8] [Figure 9]. Le signal de la Figure 8 est certes complexe mais il n'est constitué que de quatre sons purs : il a quatre composantes spectrales, il est caractérisé par la combinaison de quatre fréquences. Son spectre [Figure 9] est très pauvre. Un signal sonore réel [Figure 2] est caractérisé par un spectre beaucoup plus riche [Figure 10] qui combine un très grand nombre de fréquences.

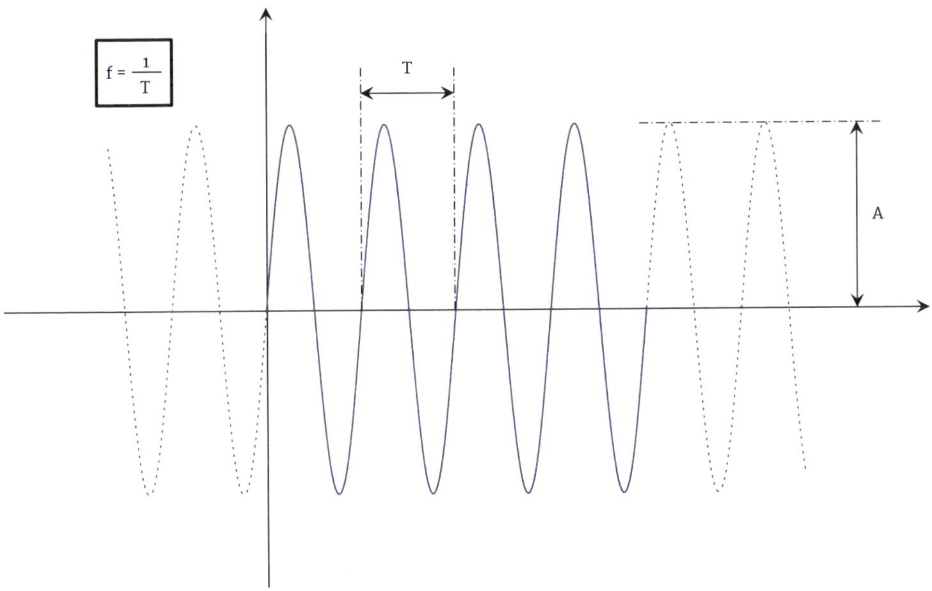

Figure 7 — Signal sinusoïdal[9] monochromatique[10]. La fluctuation de pression est caractérisée par son amplitude A et par la durée T du cycle surpression-dépression. On appelle T la période du signal ; la fréquence f est l'inverse de la période.

8 Par souci de simplification on n'aborde pas ici la notion de phase.

9 La pression varie comme le sinus d'un angle.

10 Du grec μονο, un, unique et χρώματος, couleur : qui n'a qu'une seule « couleur », une seule composante spectrale, qui est composé d'un son pur à une seule fréquence.

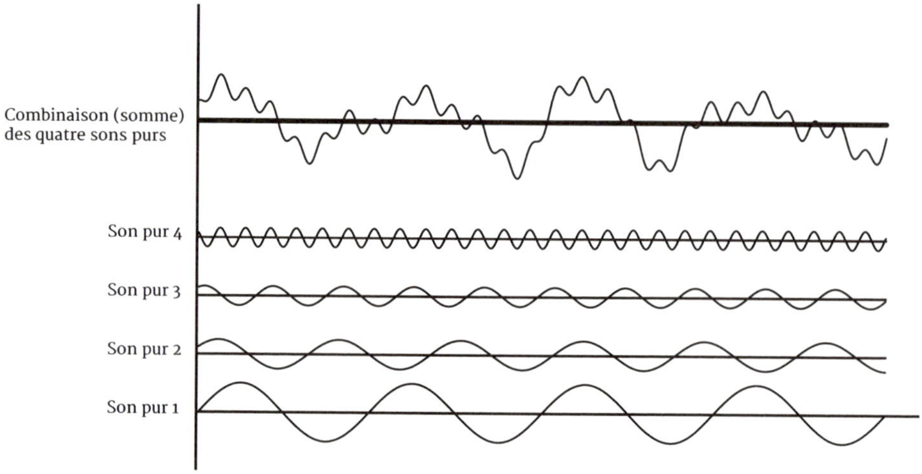

Figure 8 — La combinaison de quatre sons purs de fréquences et d'amplitudes différentes engendre un signal complexe.

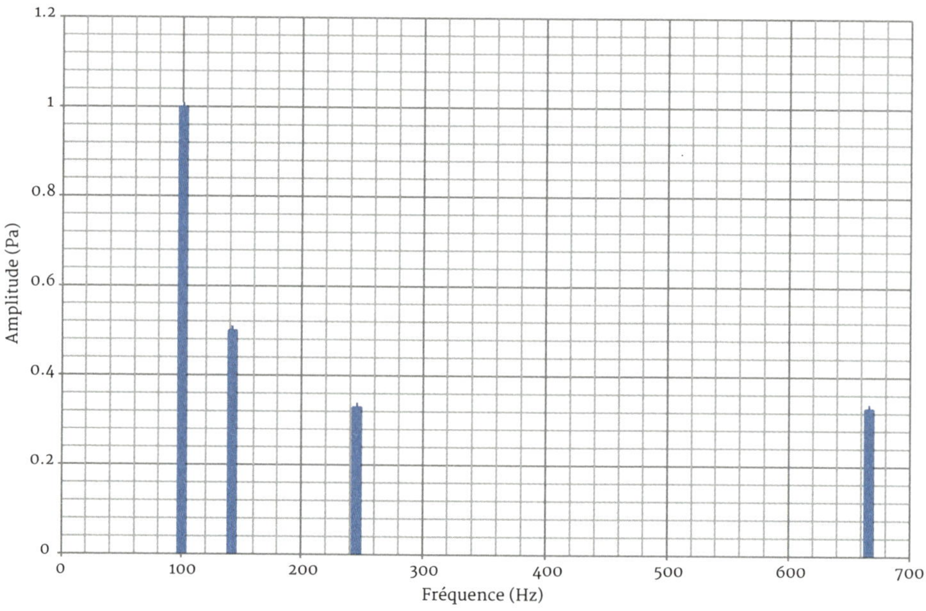

Figure 9 — Spectre du signal de la Figure 8. Chaque ligne verticale représente une composante du signal. L'abscisse (axe horizontal) donne la fréquence du son pur correspondant, l'ordonnée (axe vertical) donne son amplitude.

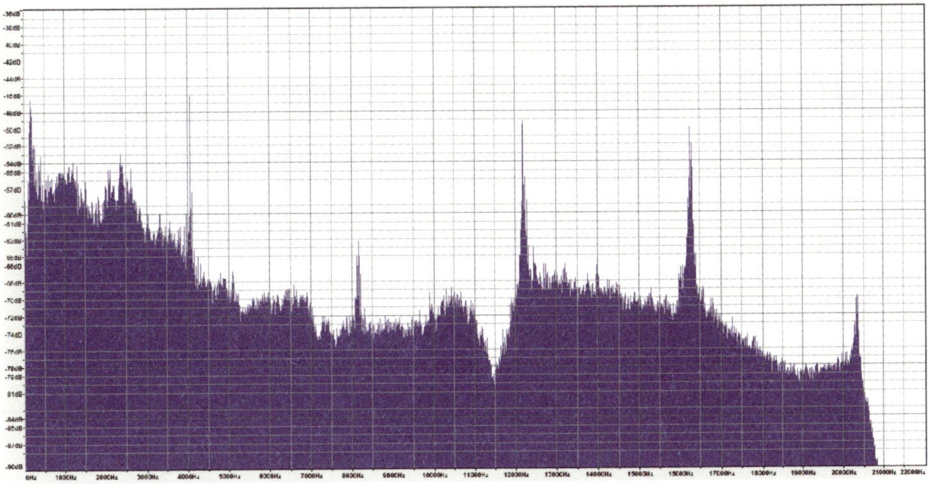

Figure 10 — Spectre du signal sonore de la Figure 2. Le spectre est très riche et presque toutes les fréquences audibles sont présentes mais en diverses proportions : certaines fréquences dominent, d'autres sont pratiquement absentes.

1.3 RÉSUMÉ DU CHAPITRE

Un son est une fluctuation *petite* et *rapide* de la pression autour de sa valeur moyenne (pression atmosphérique). On peut le représenter de deux manières : par son signal et par son spectre.

Le signal enregistre la valeur de la pression à chaque instant. La forme du signal peut être simple ou complexe. Le signal le plus simple est un son pur ; il est entièrement caractérisé par son amplitude et sa fréquence.

Un signal peut toujours être décomposé en une somme de sons purs. Le spectre représente l'amplitude et la fréquence caractéristique de chacun des sons purs constituant le signal complexe.

CHAPITRE 2

COMMENT ENTENDONS-NOUS ?

Il n'y aurait pas de nuisances sonores si nos oreilles n'étaient pas d'aussi remarquables capteurs de fluctuation de pression. Comment fonctionnent-elles[1] ?

2.1 LES TROIS PARTIES DE L'OREILLE HUMAINE

Les organes de l'audition, appelés collectivement *oreille*, sont divisés en deux grands ensembles : l'oreille *périphérique* mettant en œuvre des phénomènes de nature mécanique et l'oreille *centrale* mettant en œuvre des phénomènes de nature électro-chimique. L'une relève de la physiologie générale, l'autre de la neurologie.

L'oreille périphérique se décompose en trois parties [Figure 11] :

- l'oreille *externe* qui comprend le *pavillon* et le *conduit auditif* fermé par le *tympan* [Figure 11] ;
- l'oreille *moyenne* [Figure 12] comprise entre le tympan et la *fenêtre ovale*, ces deux membranes étant reliées entre elles par trois osselets (le *marteau*, l'*enclume* et l'*étrier*) ;
- l'oreille *interne* qui inclut la *cochlée* et l'*organe de l'équilibre* constitué des *canaux semi-circulaires* [Figure 12].

Les oreilles moyenne et interne sont encore reliées entre elles par une troisième membrane : la *fenêtre ronde*.

L'oreille externe et l'oreille moyenne constituent la partie *conductive* de l'appareil auditif dont la fonction est d'amener les sons jusqu'aux oreilles interne et centrale qui en constituent la partie *perceptive*.

1 Une vidéo résumant ce chapitre est disponible à l'adresse suivante : https://www.youtube.com/watch?v=PNjOKVaIJLw.

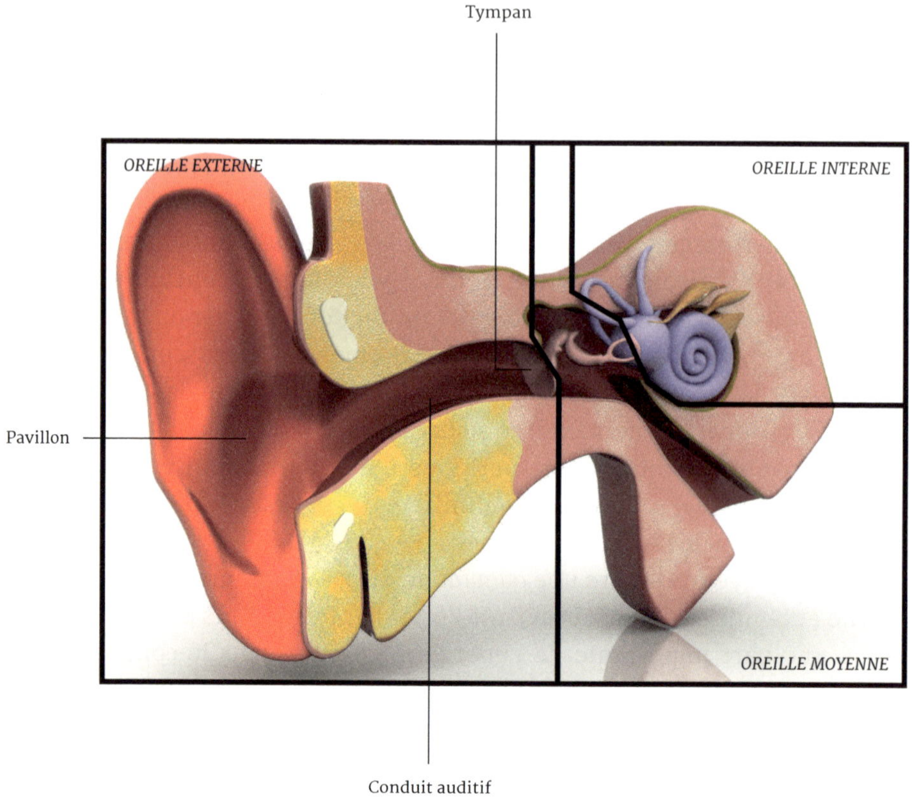

Figure 11 — Schéma général de l'oreille et éléments de l'oreille externe.

2.2 L'OREILLE EXTERNE

Le *pavillon* est la partie visible de l'oreille ; il est constitué de cartilage recouvert de peau. Chez de nombreux mammifères le pavillon est pourvu de son propre système musculaire qui permet une écoute directive. Chez l'homme, bien qu'immobile, il joue un rôle essentiel dans notre capacité à localiser une source sonore.

Le conduit auditif est un canal dont la section décroît au fur et à mesure qu'on se rapproche du tympan. Les parois du conduit sont d'abord cartilagineuses (partie externe) puis osseuses (partie interne). La longueur du conduit est de l'ordre de 2.5 cm ; il réagit un peu comme une flûte de Pan et résonne à 3 400 Hz ce qui explique notre sensibilité particulière aux fréquences proches de cette valeur.

2.3 L'OREILLE MOYENNE

L'oreille moyenne [Figure 12] est une cavité remplie d'air ; elle communique avec le *naso-pharynx* par la trompe d'Eustache. Trois osselets articulés occupent cette cavité et connectent mécaniquement l'oreille externe à l'oreille interne.

Un premier osselet, le marteau ou *malleus* est fusionné d'un côté avec le tympan et s'articule de l'autre au deuxième osselet : l'enclume ou *incus*. L'enclume est elle-même connectée par un tendon à l'étrier ou *stapes* qui se fixe très exactement sur la fenêtre ovale. Un muscle (le tenseur du tympan) précontraint la membrane tympanique et assure la rigidité de la chaîne des osselets. L'étrier est également fixé au crâne par un muscle qui lui est propre. Ces trois osselets sont les plus petits os du corps humain et forment un élément anatomique propre aux mammifères ; leur histoire passionnante est une grande leçon de biologie évolutive[2].

L'oreille moyenne assure une *adaptation d'impédance* entre l'air de l'oreille externe et le milieu aqueux occupant l'oreille interne. Sans ce délicat mécanisme, une part importante de l'énergie pénétrant dans le conduit auditif externe serait réfléchie à l'interface entre les deux milieux. Cette adaptation d'impédance est le résultat de deux effets :

- le rapport des surfaces entre le tympan et la fenêtre ovale est de l'ordre de 20 ; le rapport des pressions entre les parties externe et interne de l'oreille est donc amplifié du même facteur ;
- l'articulation des trois osselets est telle que le déplacement de la base de l'étrier est légèrement supérieur à celui du marteau ce qui produit une amplification complémentaire (facteur 1,3) de la force appliquée à la fenêtre ovale.

Ensemble ces deux effets compensent presque parfaitement (+28 dB) la perte correspondant à la différence de milieu (–29 dB).

Les muscles qui rigidifient la chaîne des osselets sont des éléments *actifs* qui modifient la fonction de transfert de ce système articulé déformable. Confronté à des niveaux sonores élevés le système peut, dans une certaine mesure, réduire la transmission du son à l'oreille interne (*réflexe stapédien*). Inversement on peut *tendre l'oreille* afin de maximiser le transfert et entendre des sons très ténus.

Les oreilles externe et moyenne ne traitent pas toutes les fréquences de la même manière et constituent ainsi, conjointement, un filtre. Le signal

2 GOULD St.J., « An Earful of Jaw », in *Eight Little Piggies: Reflections in Natural History*, Norton & Co (1993). Traduction française publiée sous le titre *Comme les huit doigts de la main*.

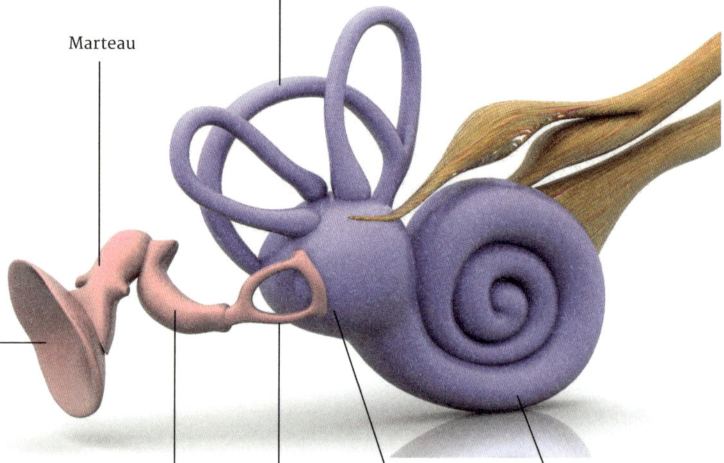

Figure 12 — Éléments de l'oreille moyenne (chaîne des osselets) et de l'oreille interne (canaux semi-circulaires et cochlée).

qui entre dans l'oreille interne n'est donc pas identique à celui qui pénètre le conduit auditif.

2.4 L'OREILLE INTERNE

L'oreille interne [Figure 13] est constituée de deux éléments principaux : les canaux semi-circulaires, principal organe de l'équilibre, et la *cochlée* creusée dans l'os du rocher. L'oreille interne est remplie d'un liquide aqueux, la *périlymphe*.

La cavité cochléaire, dont la forme évoque la carapace d'un (co)limaçon[3], est divisée en deux rampes : la *rampe vestibulaire*, ascendante et connectée à la fenêtre ovale et la *rampe tympanique*, descendante et connectée à la fenêtre ronde. Les deux rampes communiquent à leur apex par une petite ouverture : *l'hélicotrème*. L'onde de pression engendrée dans l'oreille interne par le mouvement de l'étrier agissant sur la fenêtre ovale voyage donc dans la rampe vestibulaire puis, passant par l'hélicotrème, dans la rampe tympanique avant de venir frapper la *fenêtre ronde*. La fenêtre ronde facilite les vibrations de la périlymphe sous l'action des oscillations de l'étrier ; sans cette terminaison flexible, le mouvement du fluide, qui est pratiquement incompressible, serait d'une amplitude bien moins grande.

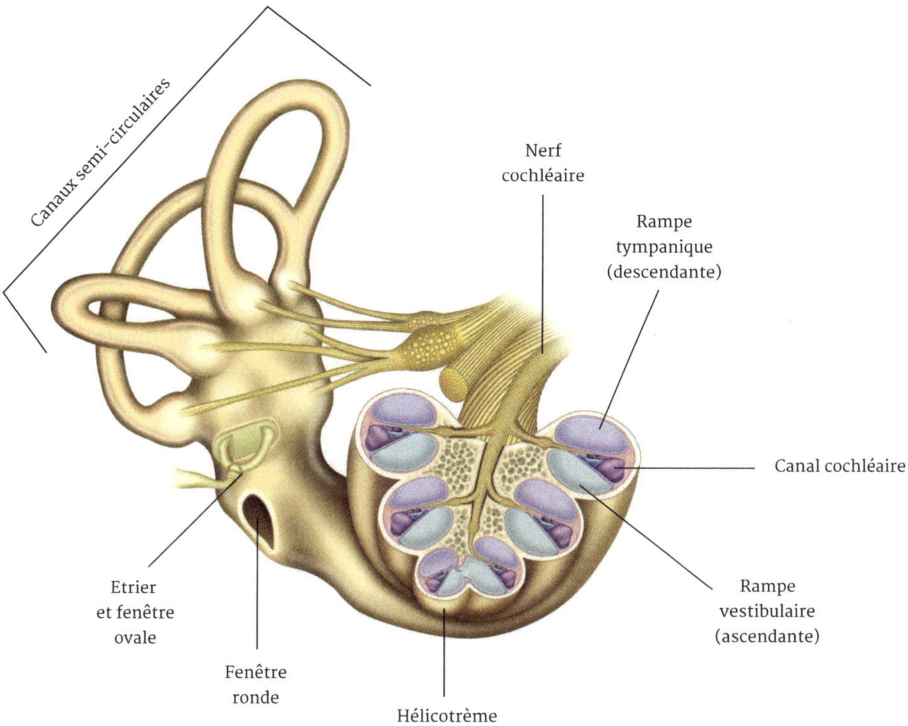

Figure 13 — Schéma détaillé de l'oreille interne.

[3] Les termes limaçon et cochlée sont interchangeables. Le mot latin *cochlea* désigne un escargot et, par extension, ce qui en a la forme. Le mot a une origine grecque : κοχλίας « coquillage en spirale, limaçon », de κόχλος, « grand coquillage en spirale ».

Le *canal cochléaire* est une cavité distincte, située entre les rampes vestibulaire et tympanique [Figure 14]. Elle est délimitée par deux membranes : la membrane de *Reissner* la sépare de la rampe vestibulaire alors que la membrane *basilaire* la sépare de la rampe tympanique. Le canal cochléaire est rempli d'*endolymphe*, un liquide légèrement plus épais que la périlymphe et de constitution ionique différente : la périlymphe, comme le plasma, est riche en sodium et pauvre en potassium alors que l'endolymphe, qui s'apparente aux liquides intracellulaires, est riche en potassium et pauvre en sodium.

L'*organe de Corti*[4] est fixé à la membrane basilaire sur toute sa longueur. Il convertit le signal mécanique (pression dans la lymphe) en un signal électro-chimique qui sera porté au cerveau par le nerf auditif. L'organe de Corti comporte des cellules ciliées protégées par la *membrane tectoriale* qui se déplace sous l'effet de la pression transmise au travers de la membrane de Reissner.

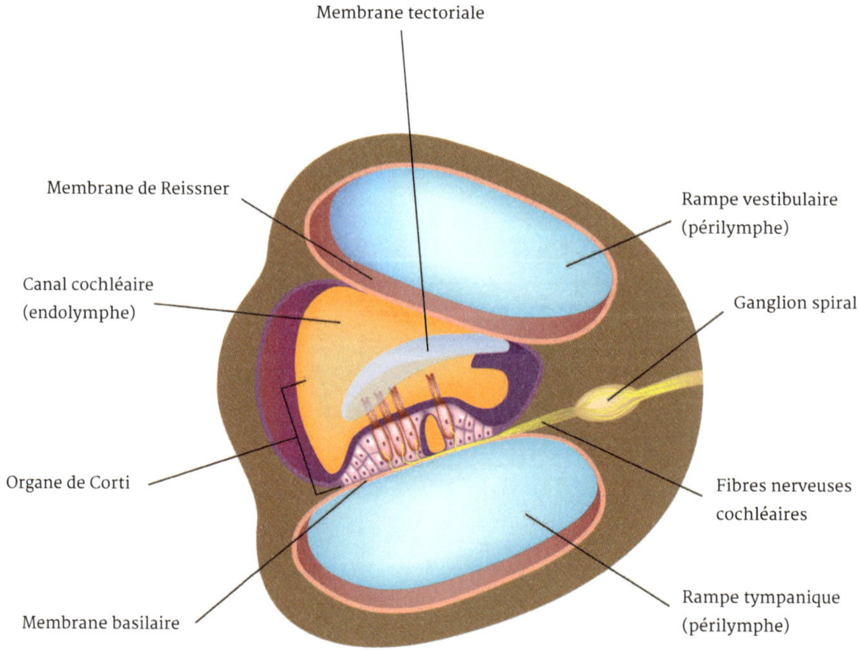

Figure 14 — Section de la cochlée.

4 L'organe de Corti marque la frontière entre l'oreille périphérique et l'oreille centrale.

La déformation d'une cellule ciliée sous l'effet combiné du mouvement des membranes basilaire et tectoriale induit une modification de sa polarisation. Ceci affecte la quantité de neurotransmetteurs libérés par la cellule sur les neurones primaires situés à sa base (*transduction chimique*) et modifie en conséquence la fréquence de décharge du potentiel d'action de ce neurone dans les fibres du nerf auditif[5]. La fréquence de vibration des ondes est ainsi convertie en séquence de décharge de potentiel d'action (*transduction électrique*).

L'oreille interne est un système vibro-acoustique complexe constitué de trois cavités remplies de deux fluides différents (périlymphe et endolymphe) connectées entre elles par diverses membranes (Reissner, basilaire, tectoriale) aux propriétés élastiques différentes. Les membranes basilaire et de Reissner ont par ailleurs une forme trapézoïdale qui les rend rigides dans leurs parties *proximales* et plus flexibles dans leurs parties *distales* [Figure 15]. L'ensemble possède une propriété remarquable qui est à l'origine de notre capacité à distinguer avec précision le contenu spectral des sons : la *tonotopie*. On observe en effet qu'un son de fréquence donnée engendre un déplacement maximal en une zone bien déterminée de la membrane basilaire. C'est donc un groupe de cellules donné qui, dans l'organe de Corti, réagit de manière maximale à un son de hauteur donnée. L'information *fréquence* est convertie par ce système en information *localisation du maximum d'activité électrochimique* et transmise au cerveau par le nerf auditif.

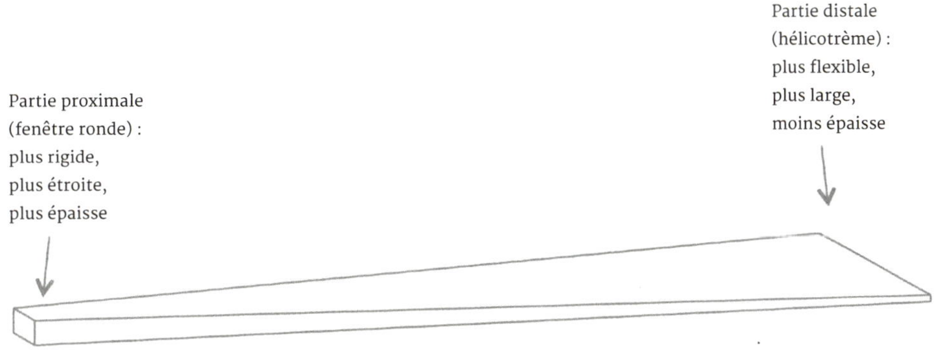

Figure 15 — Allure déroulée de la membrane basilaire.

5 Aussi appelé nerf *vestibulo-cochléaire* ou huitième nerf crânien.

2.5 LE CERVEAU AUDITIF

La remontée du signal sonore des cellules de Corti vers le cortex auditif, partie du cerveau située dans la partie supérieure du lobe temporal, se produit suivant deux voies : la voie primaire, dédiée à la fonction auditive, et des voies non-primaires communes à tous les stimuli sensoriels. La tonotopie se préserve jusqu'au cortex auditif car les neurones reliés aux cellules ciliées se projettent sur des zones distinctes de ce cortex.

La perception du son se déroule à différents niveaux de la chaîne qui le conduit des organes de Corti au cortex auditif. Ainsi, par exemple, le *réflexe stapédien*, qui réduit la sensibilité de l'oreille à des sons de trop grande intensité en rigidifiant la chaîne des osselets grâce à la contraction de deux muscles, est contrôlé très en amont du cortex auditif par le noyau cochléaire.

2.6 RÉSUMÉ DU CHAPITRE

L'onde de pression sonore qui entre dans nos oreilles franchit de nombreuses étapes (tympan, marteau, enclume, osselet, fenêtre ovale, rampe vestibulaire, hélicotrème, rampe tympanique, fenêtre ronde) avant que l'excitation qu'elle induit dans la membrane basilaire ne permette une transduction chimique puis électrique et, enfin une remontée vers le cortex auditif.

CHAPITRE 3

MESURES DU BRUIT

Le signal sonore, ou le spectre associé, contient toute l'information relative à un son donné. Mais qu'en est-il de l'effet de ce son sur un individu ? Au-delà de la mesure objective du son pris comme processus physique, il faut définir des mesures subjectives prenant en compte les processus physiologiques et psychologiques mis en jeu. Nous verrons en particulier qu'il existe des indicateurs *intégrés* ou moyennés dont le but est de mesurer l'exposition globale au bruit sur une durée déterminée (dosimétrie sonore) et des indicateurs *événementiels* dont le but est de mesurer l'impact d'un évènement donné, typiquement un survol.

Ce chapitre pourra paraître très technique et assez aride à certains lecteurs. Ils peuvent sans difficulté se contenter de lire le résumé en fin de chapitre puis, au cours de la lecture des chapitres suivants, revenir à la définition de tel ou tel indicateur dont ils souhaitent connaître la définition précise.

3.1 L'ÉCHELLE DES DÉCIBELS

Au dix-neuvième siècle, deux physiologistes allemands, Weber et Fechner[1], s'intéressent à la psychologie de la perception et font deux observations fondatrices.

- Weber s'intéresse au plus petit niveau L_2 qu'un individu est capable de discerner d'un niveau de référence L_1. Il observe que la plus petite différence perceptible $L_2 - L_1$ n'est pas constante mais proportionnelle au niveau de référence.

1 Ernst Heinrich Weber, 1795-1878, médecin allemand, précurseur de la psychologie expérimentale. Gustav Fechner, 1801-1887, philosophe et psychologue allemand, élève de Weber, fondateur de la psycho-physique.

– Fechner, pour sa part, fait l'hypothèse que l'individu estime inconsciemment le niveau perçu en sommant les plus petites différences perceptibles relatives[2].

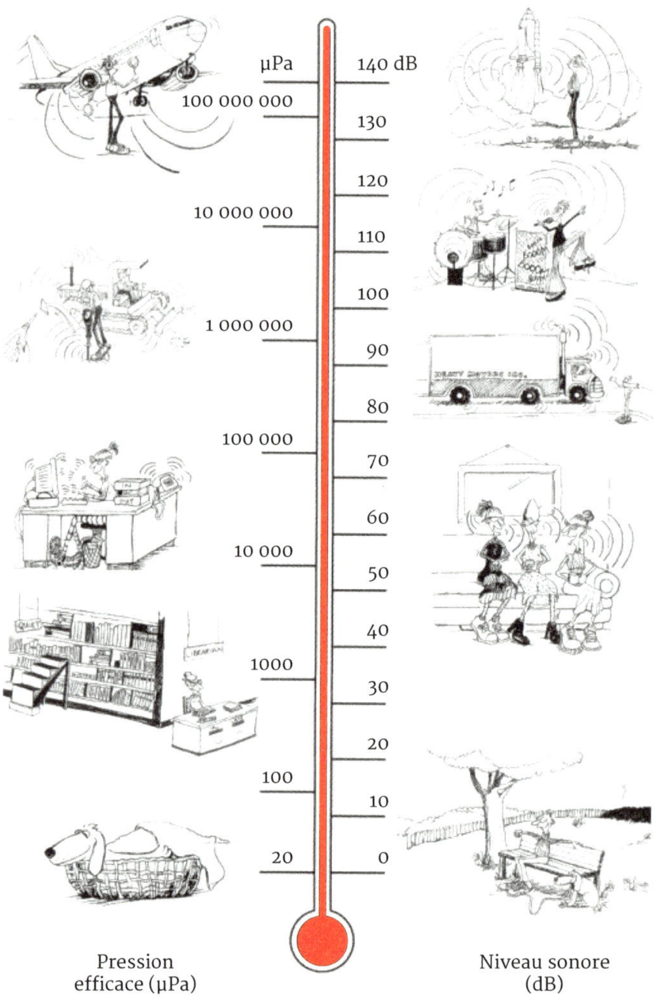

Figure 16 — Relation entre pression acoustique et niveau sonore et exemples de niveaux caractéristiques. Note : 1 μPa = un millionième de Pascal = 10^{-6} Pa. Reproduit avec l'aimable autorisation de la société Bruel & Kjaer.

2 Ces deux lois sont susceptibles d'une analogie salariale. La loi de Weber confirme qu'une augmentation de 100 € n'a pas la même valeur pour un salarié gagnant 1 000 ou 10 000 € et que c'est l'augmentation relative qui compte (10 % dans un cas, 1 % dans l'autre). La loi de Fechner indique que le degré de satisfaction par rapport à une rémunération donnée résulte plus de l'accumulation des augmentations relatives passées que du niveau absolu de rémunération. À prendre *cum grano salis* bien sûr.

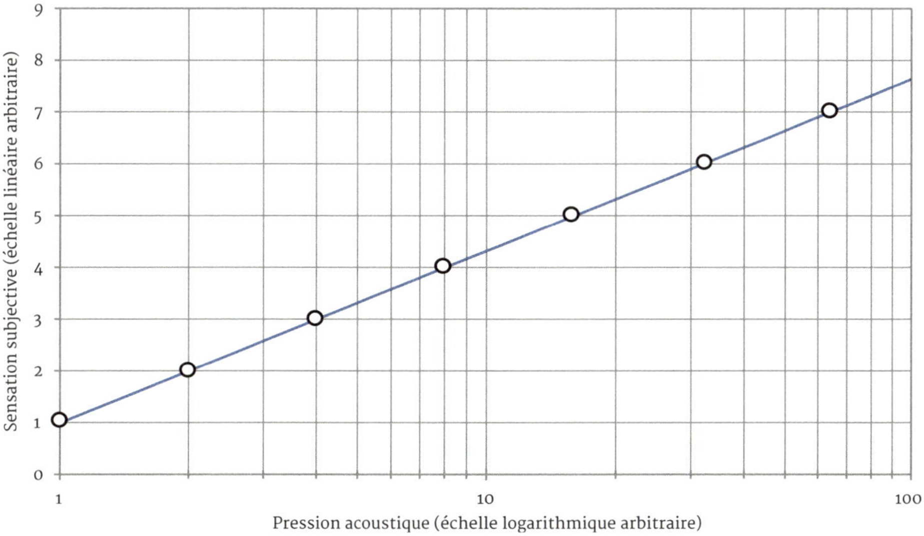

Figure 17 — Représentation schématique de la loi de Weber-Fechner : si les amplitudes de fluctuation de pression associées à différents sons forment les termes d'une suite géométrique (1, 2, 4, 8, 16, 32, 64), les niveaux sonores perçus forment les termes d'une suite arithmétique (1, 2, 3, 4, 5, 6, 7).

Ces observations conduisent à prédire que le niveau sonore *perçu* est proportionnel au logarithme[3] de l'intensité sonore[4], c'est-à-dire que si les intensités de différents sons forment une suite *géométrique* (chaque terme est obtenu en *multipliant* le précédent par une constante), alors les niveaux sonores perçus forment une suite *arithmétique* (chaque terme est obtenu en *ajoutant* une constante au terme précédent) comme représenté à la Figure 17.

Le niveau sonore L (exprimé en décibels [dB]) associé à une fluctuation de pression acoustique d'amplitude p est donné par la formule:

$$L = 10 \log \left(\frac{p^2}{2p_{ref}^2} \right)$$

où p_{ref} est une valeur de référence correspondant approximativement au seuil d'audibilité moyen chez l'être humain ($p_{ref} = 2\ 10^{-5}$ Pa)[5].

3 Mathématiquement : $\sum \frac{\Delta I}{I} \rightarrow \int \frac{dI}{I} = \ln I$

4 L'intensité sonore est une mesure de la puissance portée par un signal sonore et est proportionnelle au carré de l'amplitude de la fluctuation de pression acoustique associée au signal.

5 Le facteur 2 au dénominateur résulte de l'utilisation d'une pression *efficace*.

3.2 90 + 90 = 93… L'ÉTRANGE ARITHMÉTIQUE DES DÉCIBELS

Les niveaux sonores exprimés en décibels ne s'additionnent pas. Si un avion produit, par exemple, un niveau sonore de 100 dB, deux avions identiques volant de conserve ne produiront pas un niveau de 200 dB. Pour connaître le niveau sonore total résultant de l'écoute simultanée de plusieurs sources dont le niveau est exprimé en dB, il faut :

- calculer l'intensité associée à chaque source ;
- additionner les intensités pour obtenir l'intensité totale ;
- calculer la valeur en décibels de cette intensité totale.

L'abaque de la Figure 18 permet d'effectuer ce calcul simplement. L'axe des abscisses représente la différence entre les deux niveaux à combiner et l'axe vertical donne alors la correction à apporter au plus élevé des deux niveaux pour obtenir le niveau total. Exemples (se référer à la Figure 18) :

- si l'on veut combiner deux niveaux de 100 dB, la différence est de 0 dB et la correction est de 3 dB, le niveau total est donc de 103 dB (a) ;
- pour deux niveaux de 90 et 100 dB, la différence est de 10 dB, la correction est de 0,4 dB et le niveau total est donc de 100,4 dB (b) ;
- pour deux niveaux de 97 et 100 dB, la différence est de 3 dB, la correction est de 1,8 dB et le niveau total est donc de 101,8 dB (c).

Pour combiner plus de deux niveaux, il faut procéder ainsi. Supposons que les trois sons à combiner aient des niveaux de 80, 85 et 90 dB. La procédure est la suivante :

- 80 et 85 font ensemble (différence : 5, correction : 1.2) 86.2 dB ;
- 86.2 et 90 font ensemble (différence : 3.8, correction : 1.5) 91.5 dB.

Cette algèbre particulière des décibels appelle quelques commentaires.

- Lorsque plusieurs sons de niveaux différents sont perçus ensemble, le niveau le plus élevé domine et, jusqu'à un certain point, masque les autres. Le niveau le plus élevé définit le niveau global et les autres niveaux n'ajoutent qu'une petite contribution additionnelle à l'ensemble.
- Une augmentation relativement faible du niveau en décibels cache une augmentation importante de l'intensité sonore portée par le son. Une augmentation de 3 dB correspond par exemple à un doublement de l'intensité. Des augmentations de 10, 20 ou 30 dB correspondent respectivement à une multiplication de l'intensité sonore par dix, cent ou mille.

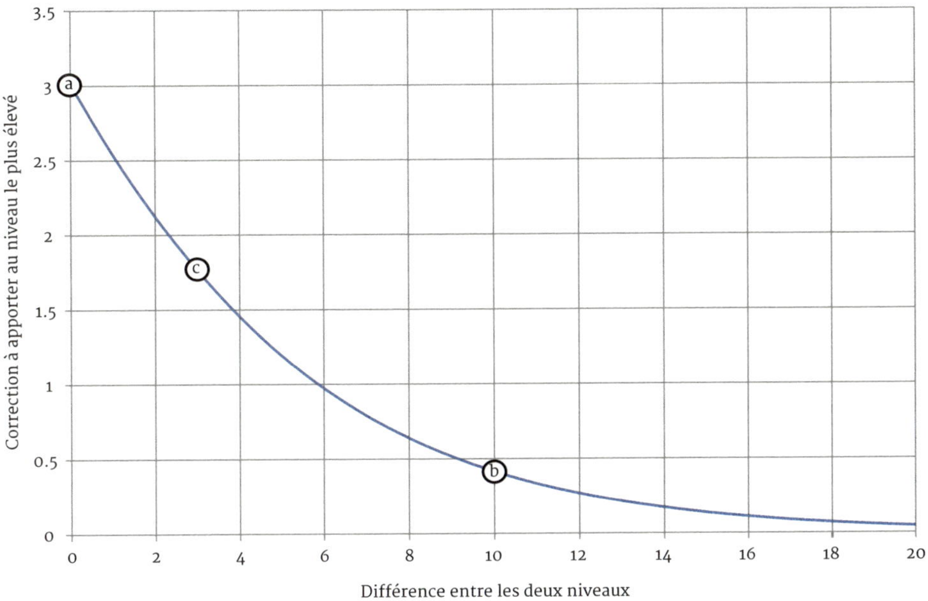

Figure 18 — Abaque donnant la correction à appliquer au plus élevé de deux niveaux L_1 et L_2 en fonction de la différence entre ces deux niveaux ($|L_1 - L_2|$). Le niveau total est le niveau le plus élevé augmenté de cette correction. Les points marqués a, b et c correspondent aux trois exemples du texte.

3.3 SENSIBILITÉ DE L'OREILLE ET dB(A)

L'oreille n'est pas sensible de manière égale à toutes les fréquences. De nombreuses expériences, inaugurées par celles conduites en 1933 par Fletcher et Munson[6], ont cherché à quantifier cette dépendance fréquentielle de l'acuité auditive. Le protocole expérimental consiste à faire entendre un son de référence (fréquence 1 000 Hz, niveau L) à un auditeur puis de lui proposer un son plus aigu ou plus grave en lui demandant de régler le volume afin que ce nouveau son soit au même niveau *apparent* que le son de référence. Répétée sur de nombreux individus, pour toutes les fréquences du spectre audible et pour différents niveaux de référence L, l'expérience aboutit à des courbes d'égal niveau perceptif graduées en *phones* [Figure 19].

Le point 1 représenté sur le réseau de courbes de la Figure 19 correspond à un son de 60 dB (ordonnée) à 125 Hz (abscisse) ; il se trouve sur la courbe

6 Fletcher H., Munson W.A., « Loudness, its definition, measurement and calculation », in *J.Ac. Soc.Am.*, vol. 5, p. 82-108 (1933).

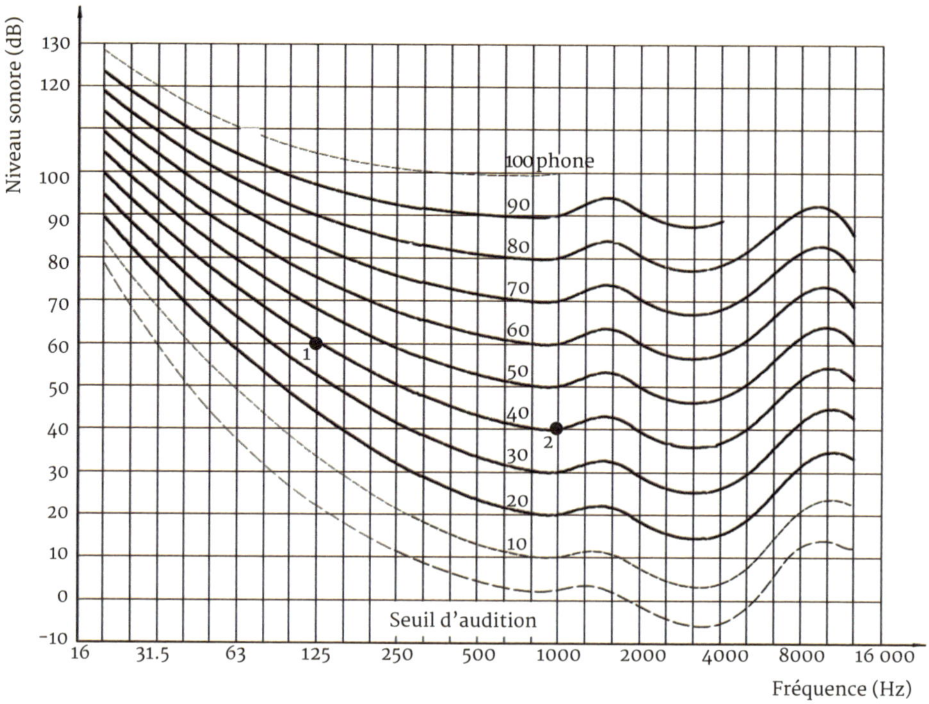

Figure 19 — Courbes normalisées d'égal niveau perceptif (isophones) : chaque courbe relie des points caractérisés par des niveaux objectifs différents mais qui produisent, en moyenne sur une large population, le même niveau subjectif.

marquée 40, sa bruyance (*loudness*) est donc de 40 phones : il a le même niveau subjectif qu'un son de 40 dB à 1 000 Hz (point 2). Les principales caractéristiques des courbes isophones sont :

- une faible sensibilité de l'oreille à basse et haute fréquences ;
- un maximum de sensibilité entre 3 et 4 kHz ;
- un aplatissement de la courbe avec le niveau de référence ;
- une référence à 1 000 Hz : le niveau sonore en dB et la bruyance (*loudness*) en phones coïncident à cette fréquence.

De nombreux auteurs ont critiqué ces courbes d'égal niveau perceptif, soulignant notamment le caractère artificiel du mode opératoire basé sur l'écoute de sons purs et continus auxquels l'oreille et le cerveau ne réagissent pas de la même manière qu'à des sons réels complexes et variant dans le temps.

Les sonomètres sont en général équipés de filtres dits A, B, C et D qui modifient le signal mesuré de manière à prendre en compte la sensibilité de l'oreille. Les filtres A, B et C s'inspirent des courbes isophones à 40, 70 et 100 dB. Le filtre D a été développé à l'origine pour les besoins spécifiques de la mesure des nuisances aéroportuaires mais est aujourd'hui remplacé par les niveaux EPNL (voir section 3.12). Le filtre A [Figure 20], malgré d'évidentes lacunes, est très largement utilisé en acoustique environnementale, y compris à des niveaux très différents du niveau de référence pour lequel il a été conçu (40 dB).

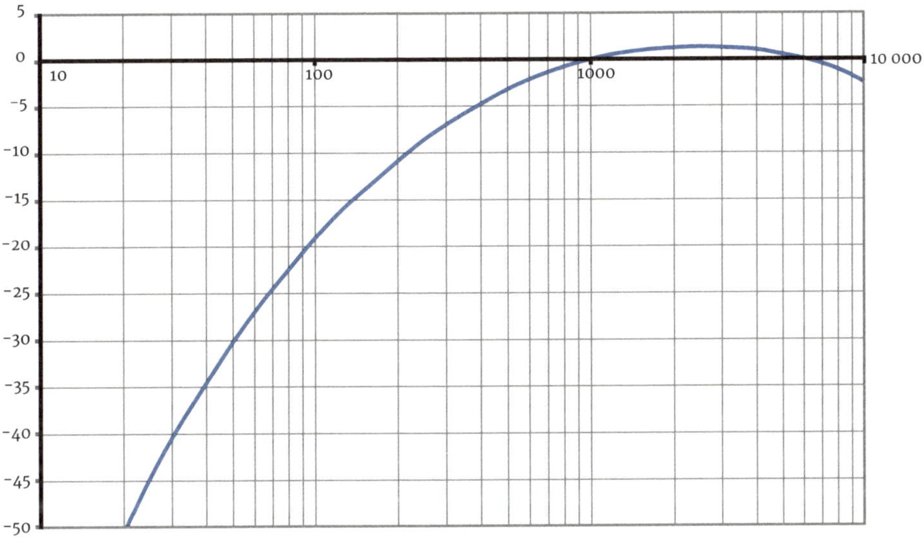

Figure 20 — Filtre A. La courbe donne, en fonction de la fréquence, le nombre de décibels à ajouter au niveau sonore (dB) pour obtenir la mesure en phones (dB(A)). Il faut bien prendre en compte le signe de la correction ; c'est donc surtout une réduction qui s'opère sauf entre 1 000 et 5 000 Hz.

3.4 NIVEAUX TOTAL, INSTANTANÉ ET ÉQUIVALENTS

Un évènement sonore se déroule sur une certaine durée : le signal représenté à la Figure 2 dure ainsi 17 secondes. On peut associer à ce signal $p(t)$ un spectre $P(f)$; on connaît alors toutes les fréquences présentes dans ce signal et les proportions dans lesquelles elles sont présentes. On peut aussi calculer le niveau sonore total associé à l'évènement. On n'a par contre aucune information sur la manière dont le spectre et le niveau évoluent au cours de ces 17 secondes. Il pourrait, par exemple, être faible et grave au début, fort et aigu au milieu puis faible et plutôt aigu à la fin... le spectre global ne nous donne pas cette information.

Pour l'obtenir, nous devons découper le signal en petits intervalles, typiquement d'une demi-seconde, et calculer un spectre et un niveau *instantané* pour chaque intervalle. Nous avons alors une information plus riche[7] : l'évolution du niveau et du spectre au cours du temps. La Figure 21 montre l'évolution du niveau instantané au cours d'un évènement sonore particulier ; on y voit nettement un bruit de fond assez continu et deux pics correspondant à deux passages d'avion.

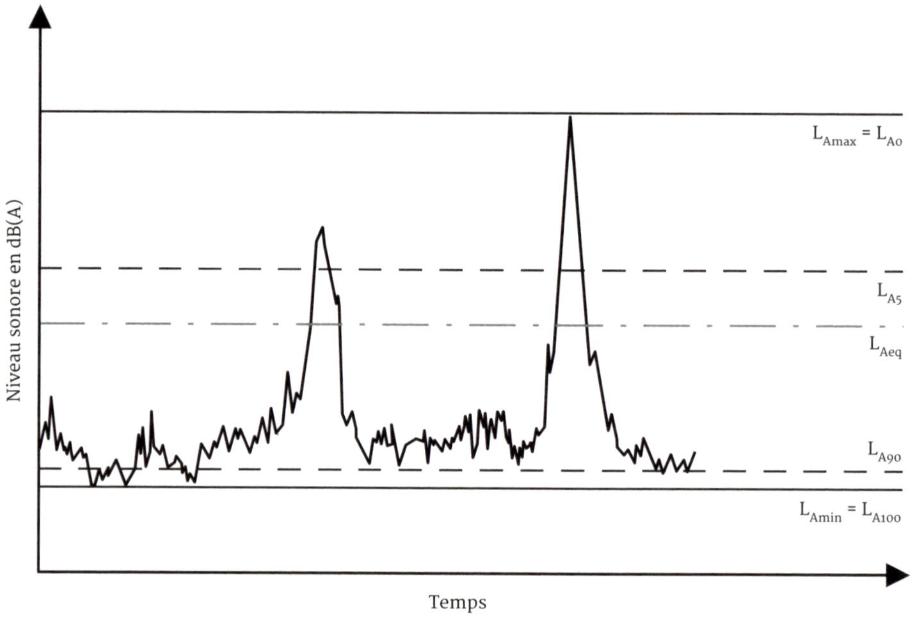

Figure 21 — Évolution du niveau instantané au cours du temps. Différents niveaux statistiques et équivalents sont représentés.

On peut synthétiser cette variation du niveau instantané de différentes manières. On définit ainsi [Figure 21] :

7 D'un point de vue mathématique, le spectre global et la séquence des spectres instantanés ont le même contenu informationnel mais le présentent sous une forme différente.

- le niveau minimum (L_{Amin}) ;
- le niveau maximum (L_{Amax}) ;
- des niveaux statistiques : le niveau L_{A5} est, par exemple, dépassé 5 % du temps et le niveau L_{A90} l'est 90 % du temps ;
- de ce point de vue statistique, le niveau L_{Amin} est le niveau L_{A100} (toujours dépassé) et le niveau L_{Amax} est le niveau L_{A0} (jamais dépassé) ;
- le niveau équivalent $L_{Acq,T}$ est celui d'un signal constant contenant la même énergie totale que le signal considéré sur la durée T ; c'est le niveau moyen au cours de l'évènement sonore. Il est défini par la relation suivante :

$$L_{Aeq,T} = 10 \log \left(\frac{1}{T} \int_0^T \frac{p_A^2(t)}{p_{ref}^2} \, dt \right)$$

L'indicateur L_{Amax} est référencé dans les textes législatifs relatifs aux nuisances sonores aéroportuaires en Wallonie (voir Chapitre 9).

3.5 NIVEAU D'EXPOSITION AU BRUIT (SEL)

Le niveau d'exposition au bruit (SEL, *sound exposure level*) est le niveau de bruit qui serait associé à un évènement sonore si toute son énergie acoustique était émise uniformément sur une durée de référence (T_{ref}) de 1 seconde :

$$SEL = 10 \log \left(\frac{1}{T_{ref}} \int_{t_1}^{t_2} \frac{p_A^2(t)}{p_{ref}^2} \, dt \right)$$

Une représentation schématique du mode de calcul de cet indicateur est donnée à la Figure 22 ; la période $t_1 - t_2$ correspond à la durée pendant laquelle le niveau instantané diffère de la valeur maximale de moins de 10 dB(A). Le niveau SEL correspond donc à une mesure de l'énergie sonore, ou dose de bruit, reçue pendant un évènement particulier. Il est habituellement plus élevé que le niveau L_{Amax} de l'évènement sonore examiné (voir section suivante). L'indicateur SEL est utilisé dans la réglementation bruxelloise relative au bruit des avions (voir Section 10.4).

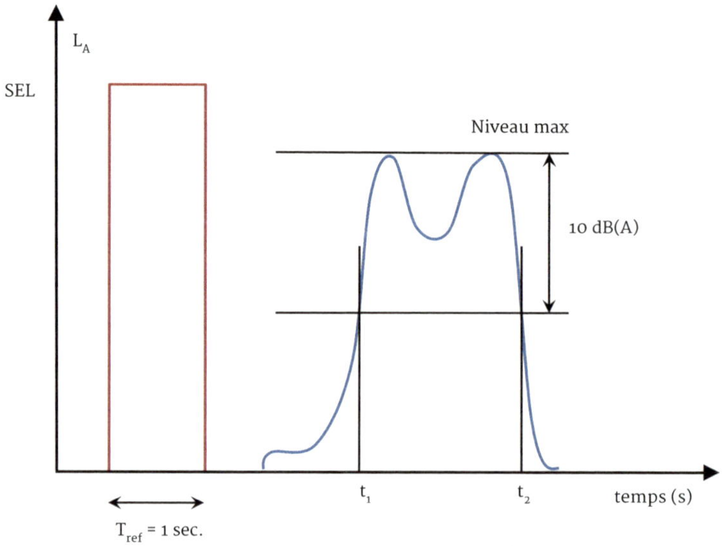

Figure 22 — Indicateur SEL (*sound exposure level* ou niveau d'exposition au bruit) associé à un évènement sonore particulier.

3.6 RELATION SEL-L_{AMAX}

L'indicateur SEL est un indicateur *intégré* associé à un évènement particulier (survol d'avion) alors que l'indicateur L_{Amax} est un indicateur événementiel au sens plus strict du terme : l'indicateur SEL est donc plus indiqué pour comparer des évènements sonores de durées différentes. Tenter d'établir une relation entre les valeurs de ces deux indicateurs n'est pas trivial car elle dépend de l'historique de l'évènement sonore.

Dans le cas particulier, mais peu réaliste, d'un bruit constant durant une période déterminée, la relation entre les deux indicateurs est simple. Ainsi un bruit de 90 dB(A) (en L_{Amax}) durant 1 seconde aura une valeur SEL de 90 dB(A). Si l'évènement sonore dure 2 secondes, la valeur SEL sera de 93 dB(A). Alternativement, un évènement de 80 dB(A) doit durer 10 secondes pour atteindre un niveau SEL de 90 dB(A).

Dans le contexte aéronautique, la relation SEL - L_{Amax} est plus compliquée. Sur base de mesures, Ollerhead [Ref. 8] a proposé en 1992 la relation suivante :

$$SEL \approx 23.9 + 0.81 \times L_{Amax}$$

Miedema [Ref. 7] a de son côté élaboré une relation SEL - L_{Amax} en faisant l'hypothèse d'une évolution temporelle particulière de la fluctuation de pression au voisinage de la valeur de crête. En supposant une croissance linéaire de la pression acoustique (à un taux *a*, exprimé en dB(A) par seconde) jusqu'à la valeur de crête, suivie d'une décroissance linéaire au même taux, il établit la relation suivante :

$$SEL \approx L_{Amax} - 10 \log a + 9.4$$

Le bruit associé à un survol d'avion étant caractérisé par un taux de croissance (et de décroissance) compris entre 0.5 et 9 dB(A) par seconde, les formules de Ollerhead et Miedema montrent une certaine disparité illustrée par le tableau de la Figure 23.

SEL donné	L_{Amax} calculé		
	OLLERHEAD	MIEDEMA a = 0.5 dB(A)/s	MIEDEMA a = 9 dB(A)/s
70	56.9	57.6	70
80	69.2	67.6	80
90	81.6	77.6	90
100	93.9	87.6	100

Figure 23 — Niveaux L_{Amax} évalués à partir de différents niveaux SEL en utilisant les deux méthodes présentées dans le texte et les deux valeurs extrêmes du paramètre a.

L'analyse du tableau suggère que, pour de faibles valeurs (70-80) de l'indicateur SEL, habituellement associées à un survol long à une altitude élevée, le taux *a* est faible, de l'ordre de 0.5 dB(A)/s. À l'inverse, pour des valeurs plus élevées de cet indicateur (~100), habituellement associées à un survol plus bref à une altitude moindre, le taux *a* est plus élevé.

Nous reviendrons plus loin (Section 10.4) sur cette relation en commentant les dispositions adoptées par la Région de Bruxelles-Capitale en matière de contrôle du bruit des avions. On ajoutera que si l'indicateur SEL est un indicateur pertinent en matière acoustique, il ne facilite pas la communication en matière de nuisances. L'indicateur L_{Amax} est, à cet égard, plus facile à appréhender.

3.7 NIVEAU L_{den}

La Commission Européenne impose de mesurer le niveau de bruit environnemental par un niveau équivalent particulier : le L_{den}. Les lettres « den » désignant :

- la journée (d = *day*) qui s'étend de 7h à 19h ;
- la soirée (e = *evening*) qui s'étend de 19h à 23h ;
- la nuit (n = *night*) qui débute à 23h et se termine à 7h le lendemain matin.

À chacune de ces trois périodes est associé un niveau équivalent en dB(A) : L_{day}, $L_{evening}$ et L_{night}. Un niveau moyen est alors calculé en réalisant les opérations suivantes :

- Application d'une pénalité de 5 dB pendant la soirée et de 10 dB pendant la nuit. Cette pénalité reflète le fait qu'un niveau donné est plus gênant pendant la nuit qu'en soirée et pendant la soirée que pendant la journée.
- Évaluation de la moyenne des trois niveaux, chacun étant pondéré par la durée de la phase correspondante.

Le niveau L_{den} se calcule donc par la formule suivante :

$$L_{den} = 10\log\left(\frac{12\cdot 10^{\frac{L_{day}}{10}} + 4\cdot 10^{\frac{L_{evening}+5}{10}} + 8\cdot 10^{\frac{L_{night}+10}{10}}}{24}\right)$$

En matière aéronautique, les niveaux L_{day}, $L_{evening}$ et L_{night} sont calculés au moyen de la relation suivante :

$$L_{period} = 10\log\left(\frac{1}{T_{period}}\sum_{i=1}^{n} 10^{\frac{SELi}{10}}\right)$$

où :

- « *period* » peut désigner « *day* », « *evening* » ou « *night* » ;
- T_{period} correspond à la durée en secondes de la période considérée, soit, si l'évaluation se fait sur 24 heures, 43 200 secondes pour le jour, 14 400 secondes pour la soirée et 28 800 secondes pour la nuit ;
- n est le nombre total d'avions durant la période de durée T_{period} ;
- SEL_i est le niveau d'exposition au bruit (SEL) relatif au i^e avion.

Ces formules permettent donc de calculer le niveau L_{den} à partir des différents évènements sonores liés aux survols des avions sur une journée complète.

3.8 NIVEAU NOCTURNE L_{night}

L'indicateur L_{den} est principalement utilisé dans la constitution de plans d'exposition au bruit (Section 6.2). La réglementation européenne impose d'ailleurs l'utilisation de cet indicateur mais recommande, en outre, le recours à ses composantes dans les législations locales. C'est le cas, en particulier, de la composante nocturne mesurée par l'indicateur L_{night}. Cet indicateur est référencé dans les recommandations de l'OMS [Ref. 11].

Si nous calculons l'indicateur L_{night} sur une année complète (T_{night} = 10 512 000 secondes) et faisons l'hypothèse que les N évènements sonores observés au cours de l'année sont caractérisés par le même niveau SEL, nous obtenons la relation suivante :

$$L_{night} = SEL + 10 \log N - 70.2$$

Cette relation permet de calculer, pour différents niveaux SEL représentatifs de survols d'avions, le nombre de survols (N) conduisant à une valeur donnée du niveau L_{night}. La table de la Figure 24 présente le résultat de ce calcul pour deux niveaux de références (45 dB(A) et 55 dB(A)), la deuxième valeur constituant un objectif intermédiaire des recommandations de l'OMS [Ref. 11]. Cette table appelle plusieurs commentaires :

- Tant que les niveaux SEL associés aux évènements individuels sont faibles, le nombre de mouvements nocturnes peut être relativement élevé sans trop impacter le niveau L_{night}.
- Par contre, *et c'est là le principal enseignement de ce calcul*, il suffit de quelques survols très bruyants (sur une base annuelle !) pour impacter très défavorablement le niveau L_{night}. L'adoption de mesures contraignantes, visant à réduire l'activité nocturne d'appareils jugés trop bruyants, trouve ici sa pleine justification.

SEL (dB(A)) moyen d'un vol	Nombre annuel *N* de survols conduisant à un niveau L_{night} de	
	45 dB(A)	55 dB(A)
75	10.471	104.713
80	3.311	33.113
85	1.047	10.471
90	331	3.311
95	105	1.047
100	33	331
105	10	105
110	3	33
115	1	10

Figure 24 — Nombres de survols annuels d'un niveau SEL donné conduisant à un niveau L_{night} annuel donné.

3.9 FAISONS LE POINT...

La grandeur physique qui caractérise un son est la pression acoustique. Cette mesure objective est cependant assez peu représentative de notre perception subjective de ce son. Un premier progrès consiste à passer de la pression à l'intensité et de mesurer celle-ci sur une échelle logarithmique : c'est l'échelle des décibels. Un second progrès résulte de la prise en compte de la sensibilité plus ou moins grande de notre oreille à différentes fréquences : c'est l'échelle des dB(A) ou des phones.

En découpant le signal en petites séquences d'une demi-seconde nous pouvons calculer des niveaux et des spectres instantanés qui nous informent sur l'évolution du son au cours d'un évènement sonore donné. Différents indicateurs globaux (niveau minimal, maximal, statistiques, équivalent, SEL) sont alors définis. Parmi les niveaux équivalents, les niveaux L_{den} et L_{night} sont particulièrement utilisés.

Il faut maintenant aller plus loin et se rapprocher du graal : définir une mesure objective (documentée, acceptée, stable, reproductible) de notre perception subjective (personnelle, individuelle, contextuelle) du bruit.

3.10 BANDES DE FRÉQUENCE ET NIVEAU PAR BANDE

On a découpé le signal sonore en petits tronçons d'une demi-seconde pour calculer des niveaux instantanés. On peut aussi découper le spectre correspondant en plusieurs intervalles de fréquences (on parle de *bandes de fréquences*) et calculer un niveau différent pour chaque bande. Ceci permet de comparer plus finement deux sons ou d'identifier, pour un son donné, si ce sont par exemple les graves, les mediums ou les aigus qui dominent. Trois types de bandes ont été standardisés :

- *Les bandes d'octaves*
  La première bande est centrée sur 16 Hz, sa limite inférieure est 16 divisé par $\sqrt{2}$ et sa limite supérieure est 16 multiplié par $\sqrt{2}$. On définit la deuxième bande en multipliant les trois fréquences caractéristiques (inférieure, centrale, supérieure) de la première par deux[8] ; on procède de même par récurrence pour les bandes suivantes. Le nom *bande d'octave* provient du fait qu'en musique un intervalle d'une octave (La-La ou Do-Do par exemple) est caractérisé par un doublement de la fréquence (voir à la Figure 6 : la fréquence fondamentale des notes La(3) et La(4) est respectivement de 220 et 440 Hz).
- *Les bandes de tiers d'octave*
  Chaque bande d'octave est découpée en trois bandes de tiers d'octave. On passe d'une bande à l'autre en utilisant le facteur $\sqrt[3]{2}$ de telle sorte que trois bandes couvrent bien une octave ($\sqrt[3]{2} \times \sqrt[3]{2} \times \sqrt[3]{2} = 2$). Un tiers d'octave correspond à un intervalle musical de tierce majeure (Do-Mi par exemple).
- *Les bandes de douzième d'octave*
  Chaque bande d'octave est découpée en douze bandes de douzième d'octave. On passe d'une bande à l'autre en utilisant le facteur $\sqrt[12]{2}$ de telle sorte que douze bandes couvrent bien une octave. Un douzième d'octave correspond musicalement à un demi-ton tempéré (Mi-Fa ou Fa-Fa# par exemple).

Dans le domaine aéronautique on utilise principalement les *bandes de tiers d'octave* et, en particulier, les 24 bandes dont les fréquences centrales vont de 50 à 10 000 Hz.

Nous disposons donc maintenant d'informations synthétiques sur l'évènement sonore qui nous disent *à chaque instant* (pour chaque intervalle d'une

8 Pour des raisons historiques les valeurs normalisées sont légèrement différentes de celles indiquées. Cette subtilité normative n'a aucun impact sur la présente discussion.

demi-seconde) quel est le niveau sonore *à chaque fréquence* (dans chaque bande de tiers d'octave). Nous noterons *L(i,k)* le niveau associé à la bande de tiers d'octave *i* pour le segment temporel *k*.

3.11 DES PHONES AUX SONES

Le niveau en phones (dB(A)) prend en compte la sensibilité variable de l'oreille aux différentes fréquences du spectre mais Stevens conteste, dès 1938, sa valeur comme mesure absolue de la bruyance [Ref. 10]. Il considère notamment, sur base de ses nombreuses expériences, qu'il faut un écart de 10 phones entre deux sons pour que le second paraisse deux fois plus fort. Il propose alors une nouvelle échelle, celle des *sones*. Le nombre de sones (S) est calculé à partir du niveau en phones (P) par la relation suivante :

$$S = 2^{\frac{P-40}{10}}$$

de telle sorte que :

- un niveau en phones de 40 dB donne 1 sone ;
- chaque accroissement de 10 dB du niveau en phones double bien le nombre de sones (50 dB à 2 sones, 100 dB à 64 sones) ;
- un doublement *perçu* de la bruyance correspond bien à un doublement du nombre de sones.

La courbe originale de Stevens pour la relation phones/sones est représentée à la Figure 25. La norme actuelle [Ref. 19] propose une relation plus complexe, avec une courbe différente pour chaque bande de tiers d'octave [Figure 26].

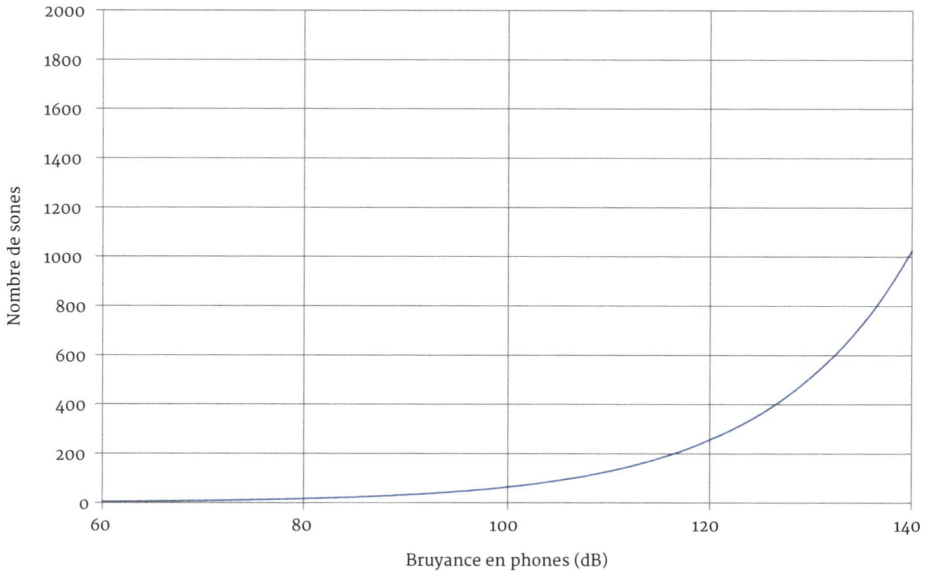

Figure 25 — Relation entre phones et sones (courbe originale de Stevens).

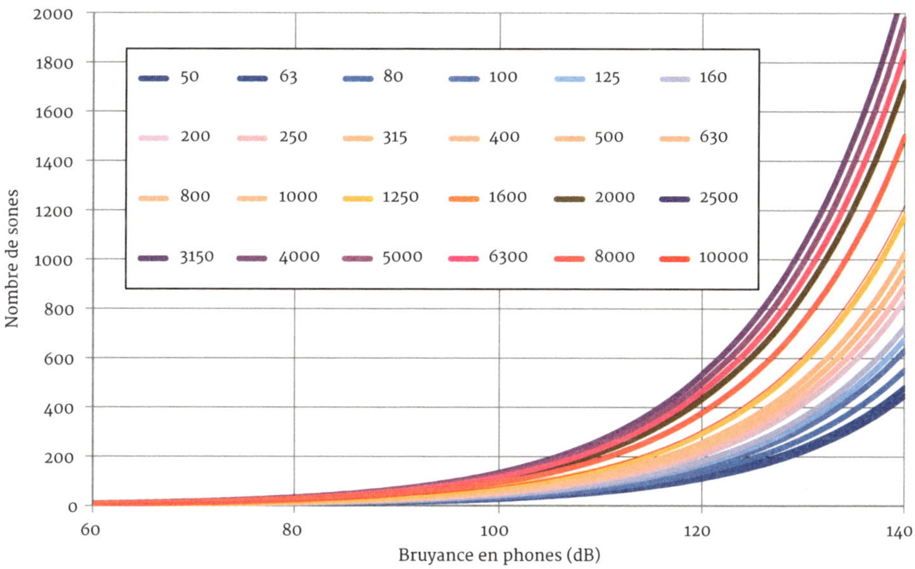

Figure 26 — Relation entre phones et sones : réseau de courbes de la norme OACI. Chaque courbe correspond à une des 24 bandes de tiers d'octave (50 Hz à 10 kHz).

3.12 BRUYANCE TOTALE ET NIVEAUX PNL

Considérant que la bande de fréquence où la bruyance est la plus élevée domine et masque les autres, on calcule la bruyance totale *N(k)*, non comme la somme de la bruyance *n(i,k)* de chaque bande mais comme la somme de :

- la bruyance de la bande dominante ;
- 15 % de la bruyance de toutes les autres bandes.

Mathématiquement on écrit :

$$N(k) = 0.85 \times \max_{i=1}^{24} n(i,k) + 0.15 \times \sum_{i=1}^{24} n(i,k)$$

Le niveau de bruit perçu (*PNL : Perceived Noise Level*), mesuré en PNdB, est alors défini par la relation :

$$PNL(k) = 40 + 10 \log_2 N(k)$$

Le niveau PNL subit encore deux corrections. Dans un premier temps, les irrégularités du spectre (présences de sons purs marqués) conduisent à l'ajout d'une correction C(k) pour chacun des échantillons temporels. Cette correction conduit à un indicateur appelé TPNL (*Tone corrected perceived noise level*) :

$$TPNL(k) = PNL(k) + C(k)$$

On définit alors le PNLTM (*Maximum tone-corrected perceived noise level*) comme étant la plus grande valeur de TNPL(k) sur les différents échantillons. La durée de l'évènement est enfin ramenée à une valeur de référence par un terme de correction supplémentaire *D* [Figure 27]. Le niveau EPNL (*Effective Perceived Noise Level*), qui se mesure en EPNdB, est alors défini par :

$$EPNL = PNLTM + D$$

Le mode de calcul des corrections C(k) et D est normalisé[9].

9 Appendice 2 à l'Annexe 16 du traité de Chicago instituant l'Organisation Internationale de l'Aviation Civile [Ref. 19].

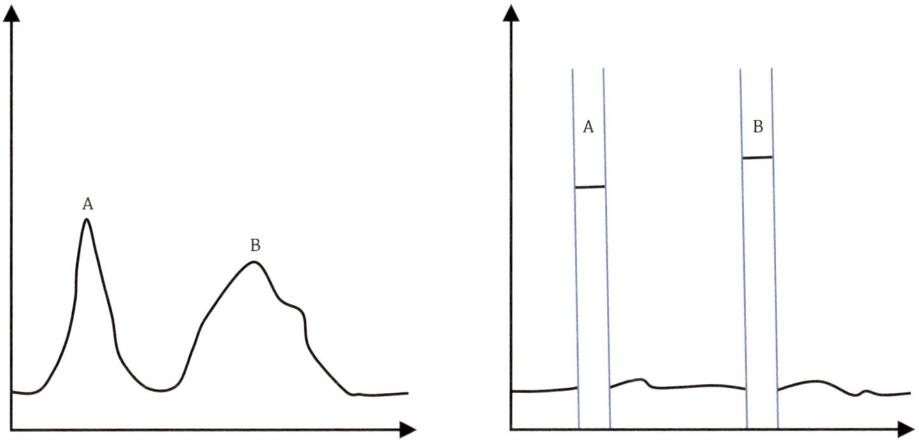

Figure 27 — Les deux évènements sonores (A et B) ont des durées différentes : l'évènement A est plus court et plus intense, l'évènement B plus long mais moins intense. La norme ramène les deux évènements à une durée égale. L'évènement B apparaît alors plus bruyant que l'évènement A.

3.13 DU SUBJECTIF AU SUJET

La certification acoustique des avions (Chapitre 5) se base sur la mesure du niveau EPNL au cours de différentes phases standardisées du vol. Ce niveau *effectivement perçu* résulte d'une série de transformations précises, décrites précédemment et justifiées par un corpus important d'études psycho-acoustiques :

- découpe du signal en segments d'une demi-seconde ;
- calcul de la bruyance associée à chaque segment et chaque bande de tiers d'octave ;
- calcul de la bruyance totale en prenant en compte l'effet de masque ;
- application de corrections liées aux irrégularités tonales ;
- application d'une correction liée à la durée inégale des évènements sonores.

Il ne nous appartient, dans cet opuscule, ni de valider, ni de critiquer la norme qui permet la comparaison objective de situations très diverses. Il faut par contre souligner que le niveau EPNL peut, au mieux, refléter la nuisance subjective moyenne subie, pour un évènement aéronautique donné, par les membres de la population survolée. L'épithète « subjective » accolée à « nuisance » indique que la spécificité du récepteur (oreille humaine) a été prise en compte en s'appuyant sur les connaissances accumulées par les psycho-acousticiens.

La nuisance subie par un individu donné sera partiellement déterminée par le niveau EPNL, mais elle dépendra également d'un nombre considérable de paramètres personnels. La littérature montre que des corrélations significatives existent entre la nuisance individuelle perçue et de nombreux paramètres caractéristiques de l'individu concerné :

- âge, sexe, statut socio-économique (éducation, revenu, emploi) ;
- état de santé général ;
- exposition quotidienne globale au bruit « par ailleurs » (hors nuisance aéroportuaire) ;
- lien personnel avec l'aéroport (dépendance économique à l'activité aéroportuaire, utilisation personnelle plus ou moins courante de l'infrastructure) ;
- qualité acoustique de l'habitat ou du lieu de travail.

3.14 QUOTA DE BRUIT (QM OU QC)

De nombreux aéroports ont, au fil du temps, instauré un *quota de bruit* associé à différentes périodes horaires. L'idée consiste à autoriser les vols tant que le quota n'est pas dépassé puis d'interdire ou de pénaliser les mouvements *hors quota*. Pour calculer le quota, un nombre de points (QM : *quota per movement*) est affecté à chaque mouvement par la formule suivante :

$$QM = 10^{\frac{B-85}{10}}$$

où B est (voir les conditions de certifications en section 5.1) :

- en phase d'atterrissage : le niveau EPNL de certification de l'avion en approche moins 9 EPNdB ;
- en phase de décollage : la moyenne entre les niveaux EPNL de certification de l'avion en conditions *flyover* et *sideline*.

Si on désigne par I_B et I_{85} les intensités sonores associées aux niveaux EPNdB B et 85, on voit que le quota par mouvement n'est rien d'autre que le rapport entre ces deux intensités.

Le système de quota peut se décliner également en *quota count* (QC) ; c'est le cas, par exemple, sur les aéroports londoniens de Heathrow, Gatwick et Stansted. Le quota count (QC) se calcule sur base de la variable B ci-dessus *via* un tableau faisant correspondre à la valeur B une des valeurs de QC suivantes : 0.25, 0.50, 1, 2, 4, 8 et 16 [Ref. 43]. À titre d'exemple, un Boeing 747-400 a un QC de 4 au décollage et de 2 à l'atterrissage alors qu'un Airbus A380 (plus gros qu'un Boeing 747-400) a un QC de 2 au décollage et de 0.5 à l'atterrissage. Cet avion consomme donc moins de la moitié du quota d'un 747 tout en permettant le transport d'un plus grand nombre de passagers !

3.15 INDICE GLOBAL MESURÉ PONDÉRÉ (IGMP)

Sur certains aéroports, en particulier à Roissy-Charles de Gaulle, une surveillance de l'énergie sonore émise par le trafic aérien est opérée par la direction générale de l'aviation civile (DGAC). L'indicateur sélectionné pour ce faire est l'*indice global mesuré pondéré* (IGMP). Cet indice est calculé à partir des mesures de bruit en temps réel effectuées par un réseau de sonomètres placés dans les axes de pistes. Il évalue l'énergie sonore totale mesurée durant une année pour les décollages et les atterrissages, rapportée à l'énergie calculée pour une année de référence. De cette manière, on peut opérer un suivi plus global de la charge sonore d'une année à l'autre. L'évolution de cet indicateur est étroitement liée au nombre de mouvements sur la plateforme et au renouvellement de la flotte.

3.16 RÉSUMÉ DU CHAPITRE

La communauté des acousticiens a tenté, au fil du temps, de définir des mesures objectives (directement tirées de la mesure) de la nuisance produite par un son donné. Dans ce chapitre nous avons suivi les étapes suivantes :

- utilisation d'une échelle logarithmique (décibels) ;
- prise en compte de la sensibilité de l'oreille aux différentes fréquences du spectre audible (échelle des dB(A)) ;
- différence entre niveau instantané, niveau total, niveau moyenné et exposition au bruit ;
- découpe du signal en petits échantillons (une demi-seconde) et découpe du spectre en bandes de fréquences (bandes de tiers d'octaves) ;
- définition du niveau perçu (PNL) ;
- corrections de tonalité et de durée conduisant au niveau EPNL et à sa mesure exprimée en EPNdB.

Quelques autres indicateurs ont été décrits (QM, QC ou IGMP). Certains textes législatifs ou études spécifiques utilisent des variantes subtiles de certains indicateurs ; nous les définirons dans les chapitres où nous y faisons allusion.

CHAPITRE 4

SOURCES DE BRUIT DES AVIONS

4.1 BRUIT À L'INTÉRIEUR DES AVIONS

Évacuons tout de suite une problématique qui n'est liée que marginalement à notre sujet : le confort des passagers et de l'équipage d'un avion.

Le bruit perçu à l'intérieur d'un aéronef dépend essentiellement de sa motorisation. Dans les avions à hélices, c'est le bruit lié à la rotation des pales qui domine ; il est caractérisé par une forte composante tonale (des sons purs aux fréquences bien définies) qui résulte du passage régulier d'une des pales à proximité du fuselage (*blade passage frequency*, fréquence de passage des pales).

Dans les avions à réaction, contrairement à une opinion largement répandue, le bruit des réacteurs n'est dominant que pendant la phase de décollage ou lors d'un changement de régime marqué. En croisière, le bruit en cabine est dominé par la climatisation (partie haute du spectre fréquentiel) et par le frottement aérodynamique de l'air sur le fuselage (effet de couche limite, partie basse du spectre fréquentiel). Des évènements spécifiques (vidange des toilettes, activation de commandes de vol) ajoutent des éléments ponctuels dont l'importance, en termes de confort acoustique des passagers, ne doit pas être sous-estimée.

Dans le cockpit, le refroidissement de l'avionique constitue une source acoustique majeure.

4.2 BRUIT EXTÉRIEUR

Le bruit extérieur produit par un avion est la composante responsable de la nuisance acoustique subie par les riverains. Elle provient essentiellement de deux sources :

- la motorisation ;
- l'écoulement turbulent de l'air autour de la voilure (ailes, becs, volets) et des trains d'atterrissage.

4.3 BRUIT DES RÉACTEURS

4.3.1 *Bruit de jet*

L'air et les gaz de combustion sont éjectés à la sortie du réacteur avec une vitesse considérable. C'est cette éjection de masse qui, par un simple effet de conservation de la quantité de mouvement, propulse l'avion vers l'avant. Le jet est caractérisé par une haute température et une grande turbulence (*jet chaud*). Il constitue, de ce fait, une source de bruit particulièrement intense.

Jusqu'aux années soixante, le jet était la source de bruit la plus importante des avions à réaction. Cette source a été considérablement réduite par l'introduction de réacteurs à double flux [Figure 28]. Dans ceux-ci, la plus grande partie du débit d'air entrant dans le réacteur[1] contourne en effet le moteur. À la sortie du réacteur, cet air passé par le *by-pass* constitue un jet d'air annulaire caractérisé par des vitesses d'écoulement et des températures faibles (*jet froid*). Globalement, les deux jets, dits *jets co-axiaux*, sont caractérisés par une température et une vitesse moyenne moindre.

Une des évolutions les plus visibles des dernières décennies a consisté à accroître le taux de dilution des réacteurs (*BPR : by-pass ratio*), c'est-à-dire le rapport entre le débit d'air total qui le traverse et celui passant dans la partie motrice. La Figure 29 montre l'évolution du taux de dilution au cours des dernières décennies ; on atteint aujourd'hui des BPR largement supérieurs à 10 : plus de 90 % de l'air entrant dans le conduit d'entrée ne passe donc pas par la chambre de combustion. L'évolution progressive vers de très hauts taux de dilution[2] a largement contribué à la réduction du bruit de jet mais cette tendance atteint aujourd'hui ses limites : le diamètre des moteurs est désormais limité par la hauteur disponible sous aile et par la vitesse en bout de pale de soufflante qui devient, à certains régimes, supersonique.

[1] On appelle réacteur l'ensemble du système propulsif (nacelle, by-pass, moteur). Le moteur, à proprement parler, est la partie centrale, motrice, du réacteur (compresseurs, chambre de combustion, turbines).

[2] On parle de moteurs UHBPR : *Ultra High By Pass Ratio*.

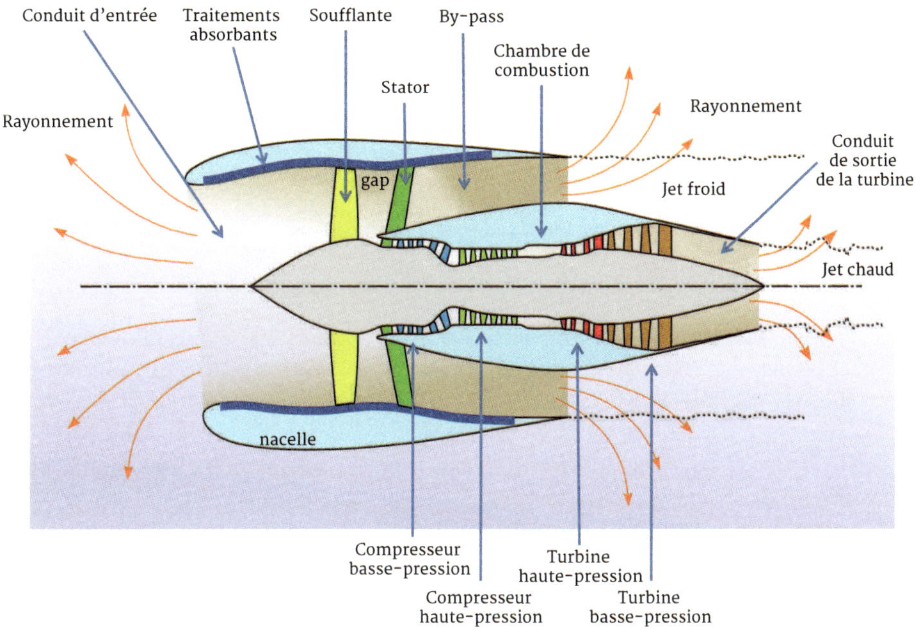

Figure 28 — Schéma de principe d'un réacteur d'avion (© Sjoerd Rienstra - TU Eindhoven). L'air entrant par le conduit d'entrée passe majoritairement par le by-pass et forme, à la sortie, le jet annulaire froid. Une partie du débit d'air passe au travers des étages successifs du compresseur basse-pression puis haute-pression puis dans la chambre de combustion et enfin dans les étages de la turbine haute-pression puis basse-pression avant de sortir sous forme d'un jet central chaud et rapide. L'ensemble jet chaud et jet froid forme un système de jets co-axiaux. Les flèches incurvées ne représentent pas le flux d'air, qui va essentiellement de gauche à droite, mais les ondes sonores qui se propagent vers l'avant comme vers l'arrière.

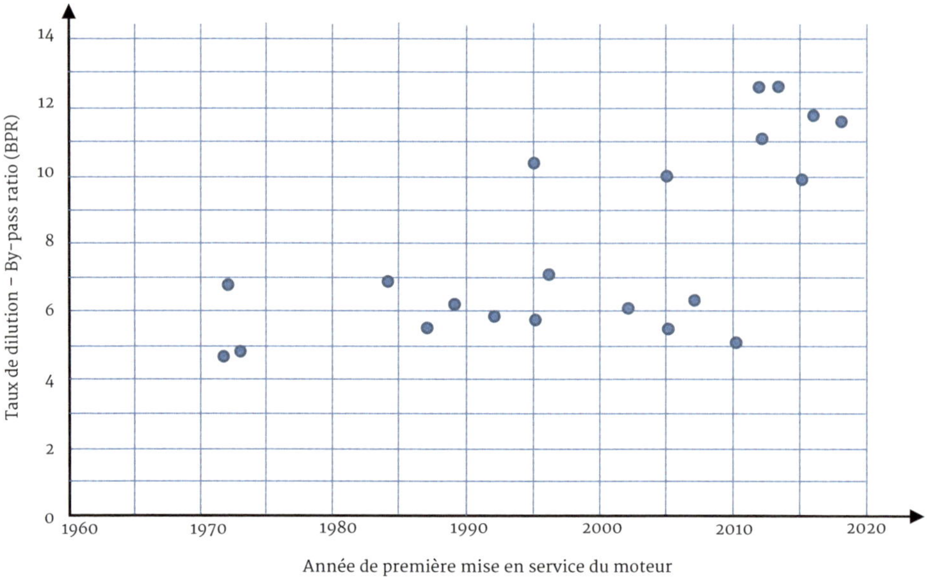

Figure 29 — Le taux de dilution de différents modèles de réacteurs est représenté en fonction de leur année de mise sur le marché (d'après [Ref. 9]). On constate un passage progressif, en un demi-siècle, de taux de dilution modérés (4 à 5) à des taux de dilution très élevés (12 à 14).

4.3.2 Bruit des parties tournantes

L'air qui entre par le conduit d'entrée du réacteur est propulsé par la soufflante [Figure 28]. Une part de l'écoulement contourne le moteur, l'autre va successivement passer par les étages des compresseurs basse-pression et haute-pression, puis, une fois la chambre de combustion passée, par les étages des turbines haute-pression et basse-pression.

Ces parties tournantes engendrent un bruit fortement tonal c'est-à-dire constitué de sons purs à des fréquences qui sont les multiples entiers des fréquences de passage d'aubage. Cette fréquence de passage (BPF : *Blade Passage Frequency*) est donnée, pour chaque roue par la formule :

$$\frac{\textit{nombre d'aubage} \times \textit{vitesse de rotation (tours par minute)}}{60}$$

Il existe également des composantes « large bande[3] » qui résultent essentiellement d'effets liés à la turbulence de l'écoulement dans les différents étages du compresseur et de la turbine.

Les très hauts taux de dilution observés aujourd'hui conduisent à des soufflantes de très grand diamètre : un homme se tient facilement debout dans l'entrée d'air des réacteurs de l'Airbus A380 ! La vitesse en bout de pale peut, à certains régimes, devenir supersonique. L'interaction entre une pale et l'onde de choc créée par la pale précédente génère alors une composante de bruit très particulière qu'on appelle, par analogie avec le bruit d'une scie circulaire, *buzz-saw noise*.

La soufflante est la principale source de bruit des réacteurs. Des progrès considérables ont été réalisés dans la maîtrise de cette composante sonore grâce à l'utilisation de traitements absorbants (*liners*). Il s'agit d'une tôle micro-perforée ou de fibres métalliques frittées (*feltmetal*) qui recouvrent une structure en nid d'abeilles dont les alvéoles constituent autant de résonateurs. La conception de ces traitements est finement optimisée et ils recouvrent désormais la quasi-totalité des surfaces disponibles : lèvres de la nacelle, conduit d'entrée, by-pass, surface extérieure du moteur [Figure 28].

Comme toujours en acoustique, les progrès réalisés sur le bruit de soufflante ont malheureusement eu comme conséquence, par l'effet de la loi de composition des niveaux sonores, de démasquer d'autres sources, jadis plus secondaires.

4.3.3 *Bruit de combustion*

L'air, comprimé par les étages successifs du compresseur, entre dans la chambre de combustion où, mélangé au carburant, il est violemment chauffé et accéléré. Une partie de cette énergie est récupérée par la turbine mais l'essentiel se retrouve dans l'énergie cinétique du jet qui propulse l'avion.

Le bruit de combustion est une composante spécifique, à large bande, du bruit de réacteur. Elle est aujourd'hui plutôt secondaire par rapport aux autres composantes (soufflante, compresseur, turbine, jet) mais les progrès réalisés sur ces dernières contribuent à rendre le bruit de combustion plus perceptible. La Commission Européenne a d'ailleurs financé, au cours de la dernière décennie, plusieurs projets de recherche sur ce problème particulier de la prédiction et du contrôle du bruit de combustion des moteurs d'avions.

3 Un bruit tonal est, par définition, caractérisé par une fréquence bien déterminée et ses multiples entiers (harmoniques). À l'inverse, un bruit large bande combine un très grand nombre de fréquences, chacune dans des proportions très faibles et sans qu'aucune des fréquences constituantes ne soit nettement dominante.

4.4 BRUIT AÉRODYNAMIQUE

L'écoulement de l'air autour de l'avion est, dans certaines zones, fortement turbulent. C'est notamment le cas de l'écoulement engendré par :

- les dispositifs hypersustentateurs (becs et volets) dont le but est d'augmenter la portance de l'avion à basse vitesse (phases de décollage et d'atterrissage) ;
- les différents éléments du train d'atterrissage [Figure 30].

Les effets aérodynamiques recherchés (becs et volets) ou les contraintes fonctionnelles (résistance, déploiement, robustesse des trains) rendent le contrôle et la réduction de cette source de bruit difficile. Des progrès sont toutefois régulièrement réalisés par les constructeurs et leurs équipementiers spécialisés.

Figure 30 — Représentation de la turbulence de l'écoulement autour d'un train d'atterrissage. La complexité de l'écoulement est saisissante et l'énergie turbulente considérable. Modélisation : CENAERO.

4.5 PROGRÈS RÉALISÉS, PROGRÈS ATTENDUS

On entend parfois des commentaires peu amènes sur l'indifférence supposée des constructeurs par rapport aux nuisances subies par les riverains des aéroports et on évoque parfois, dans la presse, le supposé cynisme de ces « pollueurs non payeurs » ! Il s'agit d'un mauvais procès fait à l'industrie aéronautique. Les entreprises du secteur comprennent parfaitement bien que la nuisance sonore limite, *de facto*, le développement du trafic aérien. Leurs clients, les compagnies aériennes, savent également qu'un avion plus silencieux sera plus facile à rentabiliser : accès à plus d'aéroports sur une plus large plage horaire. Chaque acteur du secteur est donc impliqué dans un effort concerté et de grande ampleur pour améliorer la performance acoustique des avions. La Commission Européenne ou, aux États-Unis, la NASA ou le DOD, ont financé de vastes programmes de recherche visant à développer des technologies de réduction du bruit des avions. Ces efforts ont été couronnés de succès comme le montre la Figure 31. Les progrès réalisés résultent principalement de la combinaison de deux technologies :

- haut taux de dilution ;
- traitement acoustique de la nacelle.

De nombreuses autres innovations ont également contribué, plus marginalement, à réduire le bruit émis par un aéronef ; nous ne les détaillerons pas ici.

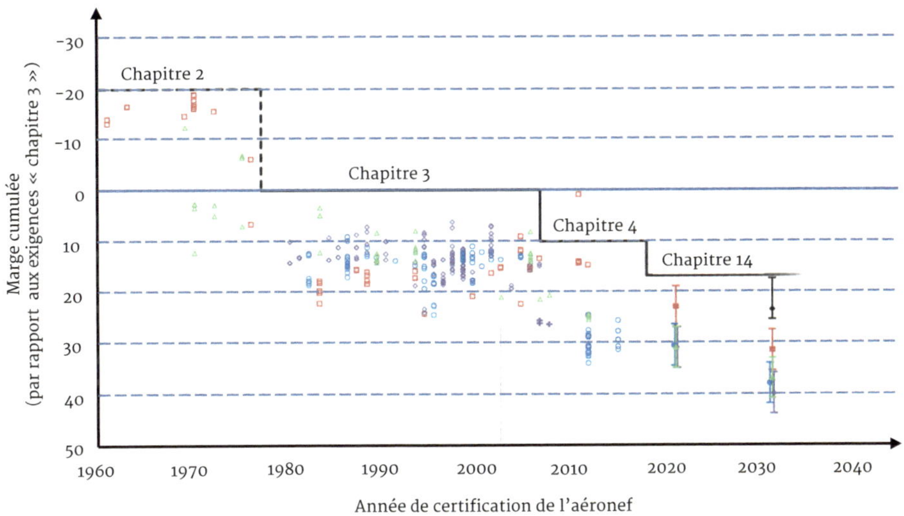

Figure 31 — Bruit émis par un avion donné en fonction de son année de mise sur le marché (d'après [Ref. 13]). Le niveau sonore est donné en terme de marge par rapport à la norme « Chapitre 3 » (voir Section 5.1).

4.6 RÉSUMÉ DU CHAPITRE

Les avions sont de véritables usines de production de bruit. Malgré tout le soin apporté à leur conception ou à leur exploitation, les sources de bruit sont multiples et provoquent des nuisances. Ces sources sont, en ce qui concerne le bruit extérieur qui nous occupe :

- liées aux moteurs :
    - soufflante ;
    - compresseur ;
    - combustion ;
    - turbine ;
    - jet ;
- liées à l'écoulement de l'air turbulent autour et en aval de l'avion, en particulier l'écoulement autour des éléments suivants :
    - becs et volets (*slats* et *flaps*) ;
    - trains d'atterrissage.

Des progrès importants sont réalisés régulièrement par les entreprises aéronautiques et chaque nouvelle génération d'avion est plus silencieuse que la précédente.

CHAPITRE 5

CERTIFICATION DES AVIONS ET NORMES APPLICABLES

L'Annexe 16 à la convention de Chicago instituant l'organisation de l'aviation civile internationale (OACI ou, en anglais, ICAO) porte sur la protection de l'environnement [Ref. 19]. Son volume 1 adresse spécifiquement la problématique du bruit des aéronefs ; il est structuré comme suit :

- Partie 1 : Définitions
- Partie 2 : Procédures de certification
- Partie 3 : Monitoring du bruit
- Partie 4 : Évaluation de la nuisance sonore
- Partie 5 : Approche équilibrée en matière de nuisances
- Six appendices précisant les méthodes de calcul
- Huit annexes

La partie deux, visant les procédures de certification, comporte treize chapitres qui couvrent les différents types et générations d'aéronefs :

- avions à réaction :
  - certifiés avant le 6 octobre 1977 : chapitre 2 ;
  - certifiés avant le 1er janvier 2006 : chapitre 3 ;
  - certifiés à partir du 1er janvier 2006 : chapitre 4 ;
  - les avions certifiés à partir du 1er janvier 2018 devraient obéir à un chapitre 14 en cours d'approbation par les instances responsables ;
- avions à hélices de plus de 8 618 kg :
  - certifiés avant le 1er janvier 1985 : chapitre 5 ;
  - certifiés entre le 1er janvier 1985 et le 31 décembre 2005 : chapitre 3 ;
  - certifiés à partir du 1er janvier 2006 : chapitre 4 ;
- avions à hélices de moins de 8 618 kg :
  - certifiés avant le 17 novembre 1988 : chapitre 6 ;
  - certifiés à partir du 17 novembre 1988 : chapitre 10 ;

- avions à décollage court (STOL) : chapitre 7 ;
- hélicoptères :
  - en général : chapitre 8 ;
  - d'une masse inférieure à 3 175 kg : chapitre 11 ;
- avions supersoniques : chapitre 12 ;
- avions à rotor orientable : chapitre 13 ;
- le chapitre 9 porte sur le bruit des aéronefs au sol pendant les opérations de chargement, déchargement, remplissage et maintenance.

C'est donc de la structure interne de cette norme que provient le nom donné aux différentes générations d'avions, du point de vue du bruit émis : chapitre 2, chapitre 3, chapitre 4 et, bientôt, chapitre 14.

5.1 PROCÉDURE DE CERTIFICATION

La procédure standardisée[1] de mesure du bruit des avions est résumée à la Figure 32. Elle consiste à mesurer le niveau EPNL (*Effective Perceived Noise*

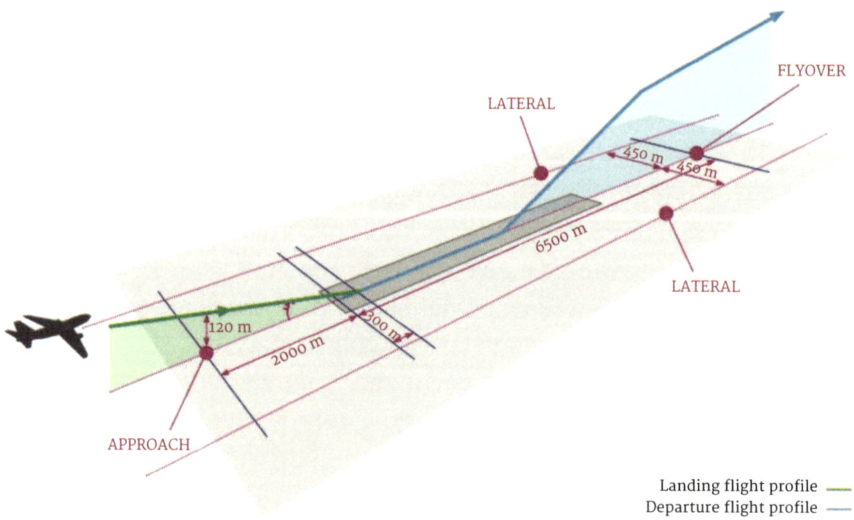

Figure 32 — Procédures de certification [Ref. 13].

[1] La description est donnée pour les avions couverts par les chapitres 3 et 4 de la norme OACI. Des différences peu importantes existent avec la procédure applicable aux avions couverts par le chapitre 2 ; voir la norme pour plus de détails. Les autres aéronefs, notamment les hélicoptères, ne sont pas abordés dans ce mémoire.

Level, voir la section 3.12) en trois points, le premier pendant la phase d'atterrissage (*approach*), les deux autres pendant la phase de décollage (*sideline* et *flyover*). Les mesures de certification du niveau de bruit sont réalisées de manière distincte pour chaque type de moteurs équipant les séries d'avions concernées.

5.1.1 *Atterrissage (Approach)*

La trajectoire et les conditions de vol répondent aux exigences décrites ci-dessous.

- L'avion doit avoir une masse égale à sa masse maximale autorisée en phase d'atterrissage.
- Le régime moteur doit être réglé de manière à suivre une trajectoire de descente régulière suivant un angle de 3°.
- Les dispositifs hypersustentateurs (becs et volets) doivent être pleinement ouverts (portance maximale).
- Le point de contact avec la piste doit se situer 300 mètres après le seuil de piste.

Le point de mesure est situé 2 kilomètres en amont du seuil de piste. Dans les conditions de certification, l'avion survole ce point à une altitude de 120,5 mètres (2 300 mètres × tangente 3°).

5.1.2 *Décollage (Sideline et Flyover)*

Les contraintes applicables à la trajectoire et aux conditions de vol sont décrites ci-dessous.

- L'avion débute son roulage au seuil de piste.
- La masse de l'avion est sa masse maximale autorisée au décollage (*MTOM: maximum take-off mass*).
- La puissance du moteur est la puissance usuelle[2] pour cette phase de décollage.
- La puissance peut être réduite (*cutback*) pour autant qu'elle permette de conserver à la trajectoire une pente de 4 % (un peu plus de 2°). La réduction de puissance ne peut s'opérer que lorsqu'une altitude minimale est atteinte : 300 mètres pour les biréacteurs, 260 mètres pour les triréacteurs et 210 mètres pour les quadriréacteurs.

2 La norme utilise la formulation suivante : *Average take-off thrust [i.e. the] take-off thrust representative of the mean characteristics of the production engine.*

Une série de mesures est réalisée sur deux lignes parallèles situées à 450 mètres de part et d'autre de l'axe de la piste. Le niveau EPNL maximum est retenu comme indicateur *sideline*.

Le point de mesure *flyover* est situé dans l'axe de la piste, à 6 500 mètres du seuil de piste (point où l'avion commence, à l'arrêt, sa phase de roulage conduisant au décollage).

5.1.3 *Corrections*

Des corrections sont apportées au niveau EPNL mesuré afin de prendre en compte toutes les différences relevées entre les conditions réelles de l'essai et les conditions prévues par la norme :

- niveau d'atténuation (effet de l'humidité sur les conditions de propagation du bruit) ;
- trajectoire et vitesse de l'avion ;
- paramètres de contrôle de l'avion pouvant affecter les mécanismes de production de bruit. On cherche à éviter que, lors des procédures de certification, des paramètres favorables soient choisis qui différeraient des paramètres standards qui seront utilisés lors de vols commerciaux habituels.

5.2 CONTRAINTES SUR LE NIVEAU SONORE MESURÉ

Les niveaux EPNL mesurés aux trois points de certification présentés ci-dessus sont additionnés pour obtenir un indicateur global :

$$L_T = L_A + L_S + L_F$$

où L_A est le niveau EPNdB associé au point d'approche (*approach*), L_S est le niveau EPNdB associé au point latéral (*sideline*) et L_F est le niveau EPNdB associé au point de survol (*flyover*). Ceci peut paraître en contradiction avec la règle d'addition des décibels présentée à la section 3.2. Il faut pourtant comprendre qu'il ne s'agit pas ici de déterminer le niveau total qui résulterait, en un point donné et en un instant donné, de l'écoute simultanée de trois sources de bruit distinctes, mais de la combinaison de trois indicateurs différents en un seul. Le résultat de l'addition n'a donc pas un réel sens physique mais est une mesure conventionnelle du potentiel de nuisance de l'avion.

Le niveau total obtenu est comparé au graphe de la Figure 33 qui donne, en fonction de la masse totale au décollage, la valeur maximale autorisée pour chaque chapitre de la norme.

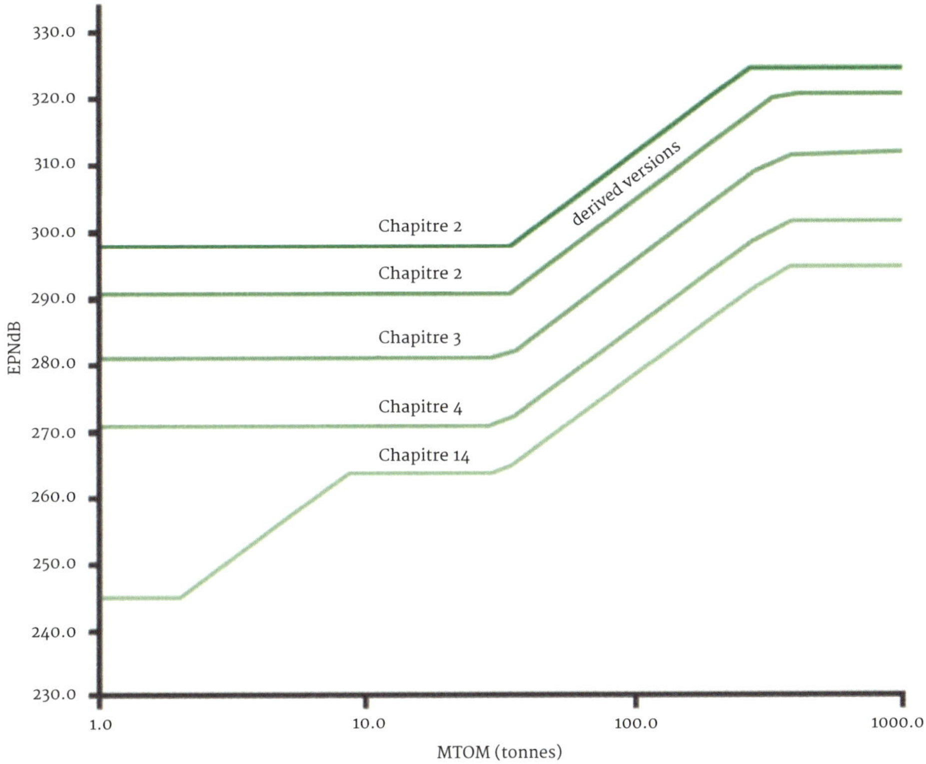

Figure 33 — Limites applicables pour la somme des niveaux EPNdB mesurés aux points *approach*, *sideline* et *flyover* en fonction du chapitre applicable de la norme OACI et de la masse totale au décollage (MTOM) de l'avion considéré [Ref. 3].

Des valeurs limites sont en outre fixées séparément pour chaque point de certification (L_A^{max}, L_S^{max} et L_F^{max}). La norme (chapitre 3) précise que l'avion peut dépasser le niveau autorisé en un ou deux points de mesures à condition que :

- le dépassement en chaque point soit inférieur à 2 dB ;
- la somme des dépassements soit inférieure à 3 dB ;
- le niveau global respecte la norme.

La norme chapitre 4 est définie par référence à la norme chapitre 3 de la manière suivante :

- pour être certifié chapitre 4, le niveau global sur les trois points de certification doit se situer 10 dB en dessous de la norme chapitre 3 ($L_T^{max} - L_T \geq 10$) ;

- dans le but de garantir un progrès équilibré sur les trois points de mesure, la norme impose en outre que, si l'on prend les points de certification par paires, la somme des deux niveaux correspondants doit se situer au minimum 2 dB en dessous de la somme des limites imposées par le chapitre 3 :
  - $(L_A^{max} + L_S^{max}) - (L_A + L_S) \geq 2$;
  - $(L_S^{max} + L_F^{max}) - (L_S + L_F) \geq 2$;
  - $(L_A^{max} + L_F^{max}) - (L_A + L_F) \geq 2$.

La Commission Européenne définit un statut intermédiaire entre chapitre 3 et chapitre 4 et désigne par le terme *marginally compliant aircraft* un avion qui ne possède qu'une marge de 5 dB par rapport aux exigences du chapitre 3.

Le chapitre 14 imposera aux aéronefs de 55 tonnes et plus, construits à partir du 31 décembre 2017, une réduction supplémentaire de 7 EPNdB par rapport au chapitre 4. La mesure s'étendra aux autres avions après le 31 décembre 2020. À titre d'exemple, l'Airbus A320 NEO et la nouvelle génération d'Airbus A350 répondent déjà à ces critères plus stricts.

5.3 ÉVOLUTION DES FLOTTES D'AVIONS

Aujourd'hui, un avion n'est plus certifié s'il ne respecte pas la norme chapitre 4. Les flottes comprennent cependant encore de nombreux avions chapitre 3. Les avions certifiés chapitre 2 (où on retrouve notamment les Boeing 707 et 727 ou le Fokker 28) ont, par contre, tous été retirés de la circulation [Figure 34]. Ce processus, long, s'est écoulé sur plus de douze ans :

- proposition d'un calendrier de retrait des avions chapitre 2 en 1990 ;
- début de la phase de retrait en 1995 ;
- fin contraignante de la phase de retrait en 2002.

Le renouvellement de la flotte des compagnies aériennes conduira à une disparition progressive des avions chapitre 3 au profit des nouvelles générations (chapitres 4 et 14) mais il serait opportun que l'OACI décide d'un calendrier de retrait des avions chapitre 3. L'IATA (*International Air Transport Association*) s'oppose pour l'instant à la fixation d'un tel calendrier. Il convient toutefois d'observer que, depuis 2006, les aéronefs à réaction subsoniques et les avions à hélice de plus de 8 618 kg nouvellement construits doivent répondre aux contraintes du chapitre 4 et donc présenter une marge cumulée de 10 EPNdB minimum.

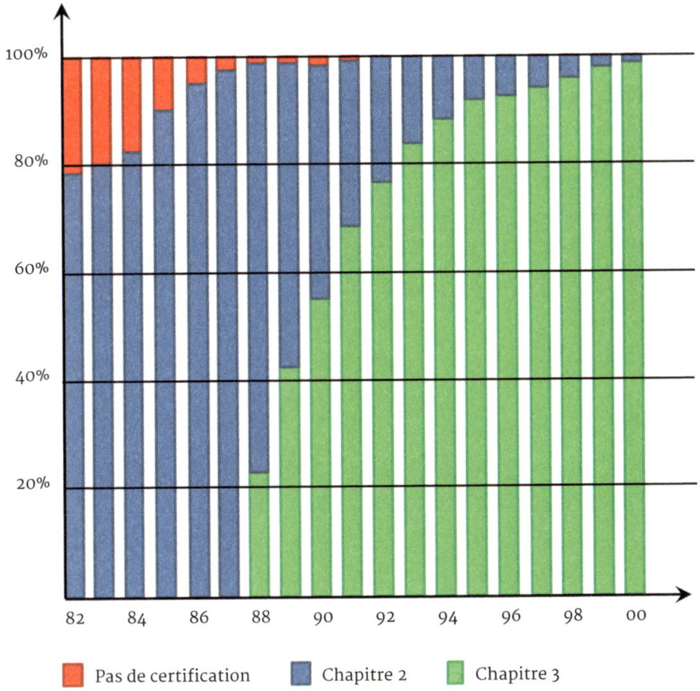

Figure 34 — Évolution de la composition de la flotte de Japan Airlines (JAL) entre 1982 et 2000 montrant la disparition progressive des avions non-certifiés et chapitre 2 au profit des avions chapitre 3. Données : Japan Airlines.

Sur beaucoup de plateformes, la part relative des chapitre 3 a ainsi diminué naturellement au profit des chapitre 4. En France, par exemple, sur sept des plus importants aéroports, le nombre de mouvements commerciaux nocturnes opérés par des chapitre 3 a baissé de manière significative (réduction de 24 à 57 % suivant les aéroports) entre 2009 et 2014, alors que, dans le même temps, le nombre de mouvements opérés par des chapitre 4 connaissait une augmentation substantielle (entre 219 et 652 %).

L'ACNUSA[3] recommande aujourd'hui de n'autoriser les mouvements de nuit que pour les appareils présentant une marge cumulée de 13 EPNdB par rapport à la norme chapitre 3 [Ref. 36].

[3] ACNUSA : Autorité de contrôle des nuisances aéroportuaires (France).

5.4 PERTINENCE DE LA CLASSIFICATION OACI

Même si la référence aux chapitres de la norme est courante et utile, d'autres classifications acoustiques existent. Ainsi l'ACI[4] a développé en 2002 une classification assurant une meilleure prise en compte des nuisances sonores réellement ressenties par les riverains et facilitant la communication entre les autorités compétentes et les riverains. Cette classification vise en particulier à corriger un défaut de la classification OACI à savoir l'absence d'obligation de démontrer une réduction du bruit sur tous les points de mesure dans le chapitre 4. L'ACNUSA utilise une classification acoustique particulière pour le calcul de la Taxe sur les Nuisances Sonores Aériennes (TNSA) et la redevance d'atterrissage.

Une étude réalisée à la demande de l'ACNUSA et publiée en 2012 compare les trois classifications [Ref. 38]. Il en ressort que la classification ACNUSA (pour l'application de la TNSA) croise celle de l'ACI pour sa comparaison en termes de marge cumulée mais en diffère par ailleurs en ne considérant que le cumul des écarts et non les écarts individuels des points de mesure. Ce classement se révèle plus fin entre 5 et 15 EPNdB (donc pour les avions les plus bruyants). Par contre, la classification ACI prend davantage en compte les nuances pour les avions moins bruyants. Une appréciation concrète des différentes méthodes de classification (pour les avions des chapitres 3 et 4) peut être trouvée dans cette étude.

5.5 RÉSUMÉ DU CHAPITRE

L'organisation de l'aviation civile (OACI) a défini des conditions précises pour mesurer le bruit d'un modèle d'avion déterminé. Trois niveaux EPNL sont mesurés : un niveau en phase d'atterrissage *(approach)*, deux en phase de décollage (*sideline et flyover)*. Suivant le total des niveaux mesurés aux trois points de certification, et en prenant en compte sa masse totale au décollage, l'avion sera catégorisé chapitre 2, 3, 4 ou, bientôt, chapitre 14.

Les avions civils qui volent aujourd'hui appartiennent tous aux catégories chapitre 3 et chapitre 4.

4 ACI : *Airport Council International*, organisation représentant en Europe plus de 500 aéroports dans 45 pays.

CHAPITRE 6

IMPACT DU BRUIT SUR LA POPULATION

6.1 L'INACCESSIBLE CARTE IDÉALE

Afin de mesurer l'exposition de la population au bruit il faudrait idéalement mesurer le niveau sonore en chaque point du territoire, dans chaque pièce d'habitation, à chaque instant de chaque jour de l'année. Une telle cartographie extensive du bruit est, pour des raisons matérielles évidentes, hors de portée. Un réseau de stations de mesure enregistre bien, en permanence, le niveau de bruit autour de chaque aéroport, mais les stations sont nécessairement en nombre restreint et ne permettent pas une véritable cartographie [Figure 35].

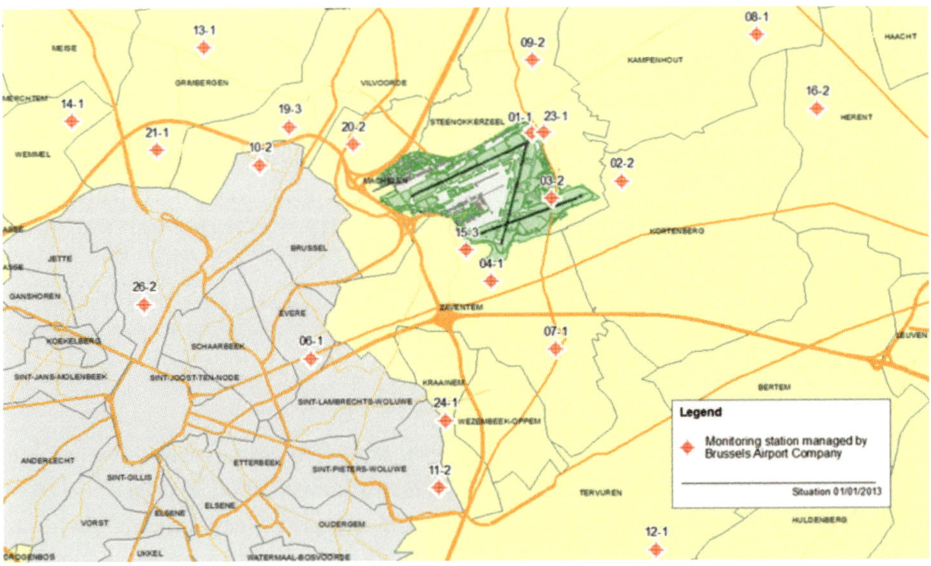

Figure 35 — Localisation des 22 stations de mesure du bruit (*Noise Monitoring Terminal*) de l'aéroport de Bruxelles-National [Ref. 28].

6.2 PLAN D'EXPOSITION AU BRUIT

Comme la loi l'y oblige, chaque aéroport définit un *Plan d'exposition au bruit*. Celui-ci est obtenu en croisant quatre sources d'informations :

- la chronologie des vols : tel modèle d'avion décollant à telle heure de telle piste ;
- la trajectoire de l'avion et la procédure de vol ;
- une description de l'avion en tant que source sonore (modèle) ;
- les conditions météorologiques (profil de température, vent, taux d'humidité affectant l'atténuation du son avec la distance).

Les données utilisées sont des données *prévisionnelles* ou *théoriques* : analyse statistique des données historiques en ce qui concerne la météo, horaire théorique des arrivées et départs en ce qui concerne l'historique des vols, trajectoires théoriques, assorties ou non d'un coefficient de dispersion, pour les trajectoires individuelles. Les cartes sont, le plus souvent, déclinées en quatre versions : jour, soirée, nuit et 24 heures.

La même méthodologie pourra être suivie sur base des données historiques réelles afin d'obtenir, *a posteriori*, une cartographie de l'exposition *réelle* au bruit. On pourra alors estimer la pertinence du plan prévisionnel d'exposition au bruit.

L'administration fédérale américaine de l'aviation (FAA) a développé une méthodologie pour la création d'un plan d'exposition au bruit. Cette méthodologie est mise en œuvre dans le logiciel INM (*Integrated Noise Model*, [Ref. 14]) qui est largement utilisé par les administrations compétentes. Pour faire face à la problématique additionnelle de la qualité de l'air, la FAA a récemment remplacé INM par AEDT (*Aviation Environmental Design Tool*). Ce logiciel permet d'évaluer, outre le bruit, la consommation en carburant et les émissions associées à l'exploitation d'aéronefs. Il en résulte une approche plus globale des nuisances engendrées par ceux-ci.

6.3 MESURES DE LA NUISANCE

Le plan d'exposition au bruit est en général présenté sous forme d'une série d'empreintes au sol correspondant à différents niveaux L_{den}. La Figure 36 montre par exemple, pour l'aéroport de Liège-Bierset, les zones qui, selon le PEB, subissent respectivement un niveau L_{den} de plus de 70, 66, 61 ou 56 dB ; il s'agit ici d'une analyse *ex ante*. Mais comment interpréter ces cartes en termes de nuisance subie par les riverains concernés ?

Des études statistiques ont permis d'établir une relation entre la gêne et la dose de bruit [Ref. 6]. Cette relation est illustrée à la Figure 37 qui montre par ailleurs que le pourcentage de population gênée dépend aussi de la nature du bruit, en l'occurrence le mode de transport.

Ces relations sont décrites par des formules empiriques. À titre d'exemple, le pourcentage de population fortement gênée (HA pour *Highly Annoyed*) est estimé, en ce qui concerne le bruit des avions, par la formule :

$$HA = -9{,}199\ 10^{-5}\,(L_{den} - 42)^3 + 3{,}932\ 10^{-2}\,(L_{den} - 42)^2 + 0{,}2939\,(L_{den} - 42)$$

De manière similaire, le pourcentage de population dont le sommeil est fortement perturbé (HSD ou *Highly Sleep Disturbed*) par le bruit des avions peut être évalué sur base de l'indicateur L_{night} au moyen de la relation suivante :

$$HSD = 18{,}147 - 0{,}956\,L_{night} + 0.01482\,(L_{night})^2$$

Enfin, le pourcentage de réveils (A ou *Awakenings*) peut être calculé sur base du niveau SEL_{inside} évalué à l'intérieur de l'habitation :

$$A = -0.564 + 1{,}909\ 10^{-4}\,(SEL_{inside})^2$$

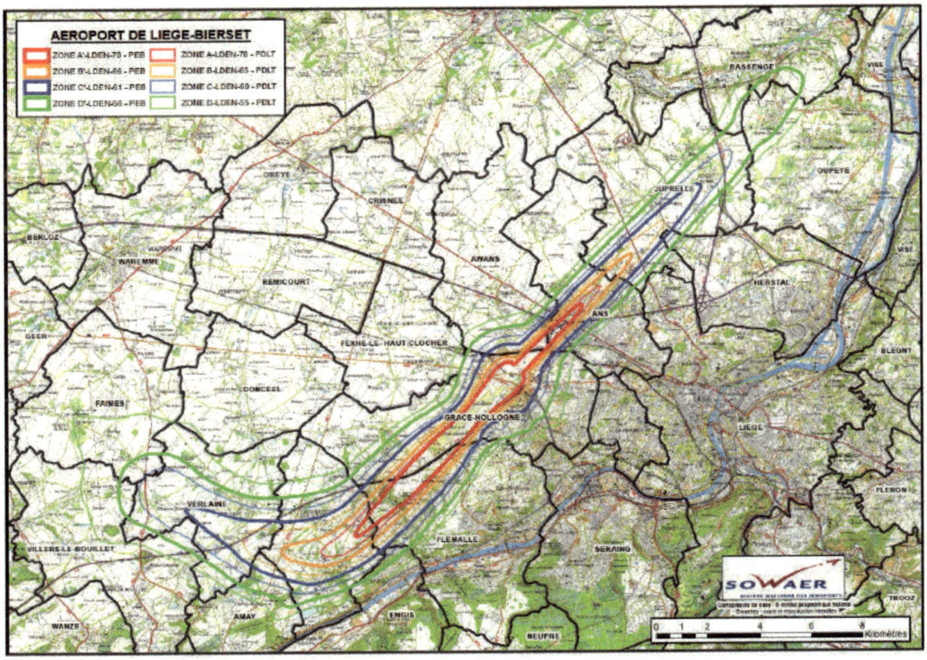

Figure 36 — Plan d'exposition au bruit de l'aéroport de Liège-Bierset. Source : SOWAER.

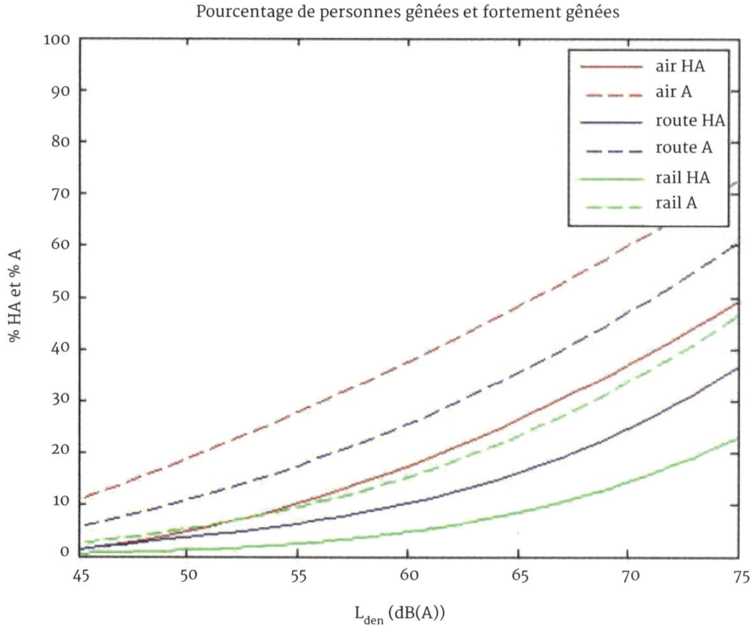

Figure 37 — Relation dose-effet recommandée par la Commission Européenne pour différents modes de transport [Ref. 4]. En matière de bruit aéronautique, on estime, par exemple, que 10 % de la population soumise à un niveau L_{den} de 55 dB est « très gênée » par ce niveau. Pour un niveau de 75 dB, c'est la moitié de la population qui est « très gênée ». Légende : HA = *Highly Annoyed* (très gêné), A = *Annoyed* (gêné).

Un indicateur pertinent de l'extension géographique de la nuisance subie par les riverains est la superficie de chacune des zones du plan d'exposition au bruit. En utilisant un système d'information géographique (GIS : *Geographical Information System*), on peut aussi croiser ces empreintes au sol avec diverses informations :

- densité de population des unités géographiques survolées[1] afin de dénombrer la population subissant un niveau donné et en déduire la population « gênée » ou « très gênée » en utilisant la relation dose-effet décrite ci-dessus ;
- revenu cadastral des immeubles et/ou revenu moyen des ménages survolés afin d'identifier, par exemple, un biais socio-économique [Figure 38].

1 Ville, commune, secteur statistique, quartier... la taille et la définition des unités géographiques pertinentes est déjà, en soi, un élément de débat.

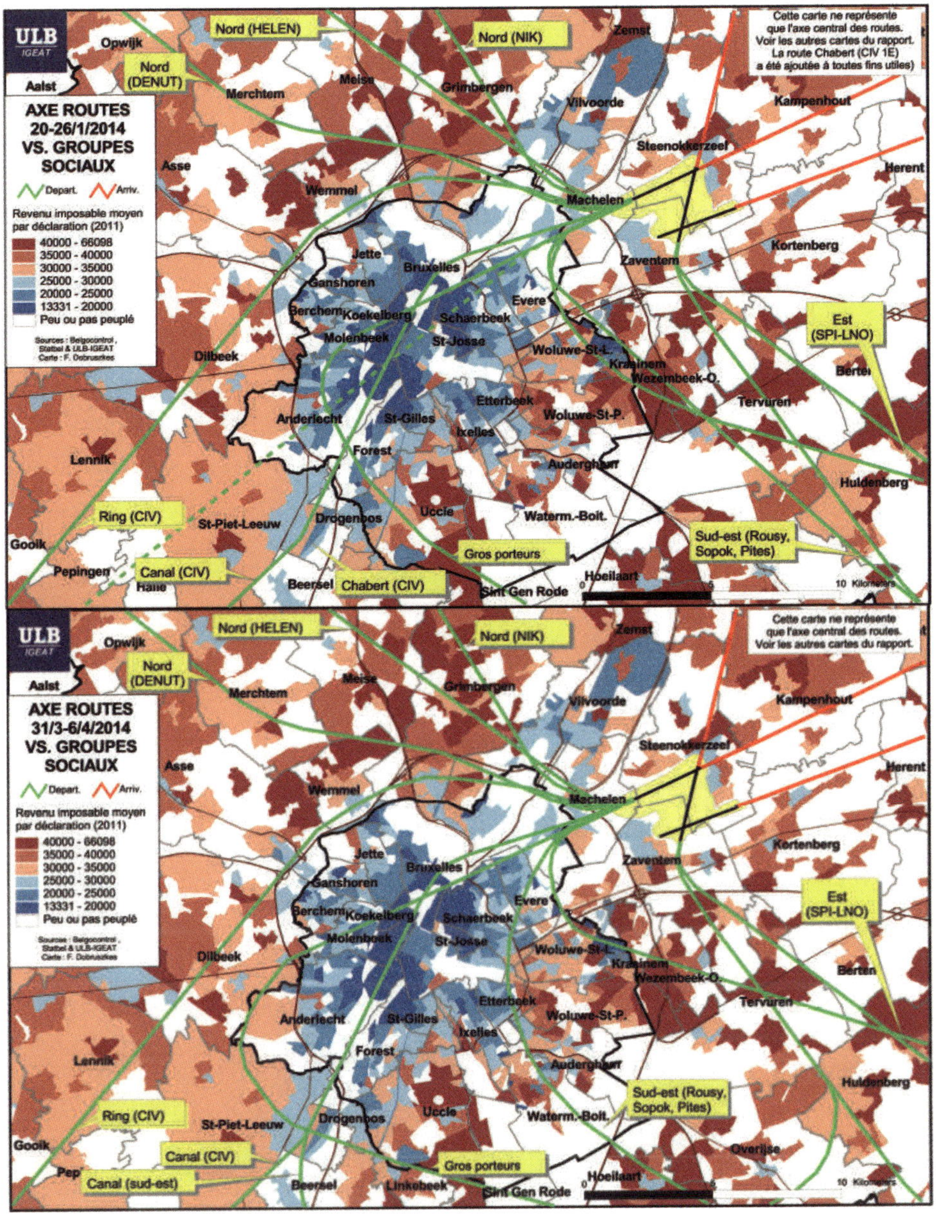

Figure 38 — Le « Plan Wathelet » est entré en vigueur le 6 février 2014. Les routes privilégiées avant (carte du haut) et après (carte du bas) cette date sont représentées sur une carte donnant le revenu imposable moyen par foyer fiscal dans le secteur statistique concerné. Dans le quart sud-est, les routes ont clairement glissé de zones à hauts revenus vers des zones à plus faibles revenus [Ref. 23].

Année	2000	[...]	2006	2007	2008	2009	2010	2011	2012	2013	2014	2015	Moyenne
Infos population			Jan.03	Jan.06	Jan.07	Jan.07	Jan.08	Jan.08	Jan.10	Jan.10	Jan.10	Jan.11	
Zaventem	5.478		3.490	3.558	3.628	2.411	2.152	2.544	2.716	2.618	1.884	2.638	3.011
Evere	3.648		2.987	3.566	3.325	2.903	2.738	2.599	2.306	1.142	2.975	1.443	2.694
Mechelen	3.433		2.411	2.724	2.635	2.439	2.392	2.470	2.573	2.278	2.505	2.598	2.587
Steenokkerzeel	1.769		1.530	1.584	1.471	1.327	1.351	1.360	1.409	1.455	1.439	1.675	1.488
Bruxelles	2.441		1.254	1.691	1.447	1.131	1.115	1.061	1.080	928	1.780	1.739	1.424
Schaerbeek	2.026		995	1.937	1.440	603	1.153	1.652	1.703	76	1.647	354	1.235
Vilvorde	2.622		1.158	1.483	1.177	894	812	868	851	302	1.012	1.120	1.118
Kraainem	1.453		934	1.373	1.277	673	669	667	500	589	111	368	783
Grimbergen	3.111		479	1.305	638	202	132	193	120	0	175	428	617
Wezembeek-Oppem	1.818		739	878	670	359	425	408	399	457	172	282	601
Kampenhout	529		747	727	582	453	483	461	399	430	469	648	539
Kortenberg	664		548	621	604	512	526	497	422	603	443	366	528
Woluwé-Saint-Lambert	1.515		382	1.218	994	489	290	196	150	0	0	0	476
Woluwé-Saint-Pierre	642		411	798	607	396	477	270	82	390	0	79	377
Tervueren	1.550		0	0	0	0	0	0	0	0	0	0	141
Herent	186		88	140	162	119	115	123	134	107	152	111	131
Haacht	96		103	119	58	36	31	37	37	24	50	115	64
Meise	506		0	0	0	0	0	0	0	0	0	0	46
Wemmel	142		0	0	0	0	0	0	0	0	0	0	13
Leuven	70		0	9	22	2	1	3	5	0	11	0	12
Huldenberg	112		0	0	0	0	0	0	0	0	0	0	10
Overijse	70		0	0	0	0	0	0	0	0	0	0	6
Rotselaar	9		0	0	0	0	0	0	0	0	0	0	1
Zemst	0		0	0	0	0	0	0	0	0	0	0	0
Total	**33.890**		**18.256**	**23.731**	**20.737**	**14.949**	**14.862**	**15.409**	**14.886**	**11.399**	**14.825**	**13.964**	**17.901**

Figure 39 — Tableau donnant l'évolution historique et la répartition par commune du nombre d'habitants potentiellement très gênés dans le contour de bruit L_{den} de 55 dB de l'aéroport de Bruxelles (données brutes extraites de [Ref. 25]).

À titre d'exemple, l'étude réalisée par l'Université de Gand en 2015 [Ref. 25] estime que 13 965 personnes résidant à l'intérieur du contour de 55 dB(A) de l'aéroport de Zaventem sont potentiellement très gênées. L'évolution historique de ce nombre et la répartition du nombre de personnes potentiellement très gênées entre les différentes communes sont reprises à la Figure 39.

Le niveau moyen sur une longue plage horaire n'est pas toujours l'indicateur le plus pertinent. Le nombre de survols caractérisés par un niveau donné est parfois plus représentatif de la nuisance subie. On trouve ainsi, par exemple dans [Ref. 25], des cartes indiquant les zones où le niveau de bruit dépasse 60 ou 70 dB plus de 1, 5, 10, 20, 50 ou 100 fois par jour.

6.4 EFFETS DU BRUIT SUR LA SANTÉ

L'Organisation Mondiale de la Santé (OMS, en anglais WHO : *World Health Organization*) conclut son rapport sur les effets des nuisances sonores environnementales [Ref. 12] en estimant que « au moins un million d'années de vie en bonne santé sont perdues chaque année en Europe occidentale du fait de la pollution sonore liée au trafic ». Le rapport liste et détaille l'impact des nuisances sonores sur :

- le fonctionnement du système cardio-vasculaire : accélération de la fréquence cardiaque, vasoconstriction, élévation de la tension artérielle, augmentation des troubles cardio-vasculaires ;
- les capacités cognitives et la capacité d'apprentissage des enfants ;
- la qualité du sommeil : le sommeil est perturbé dès que le niveau sonore dépasse 50 dB(A) et des phases de réveil apparaissent dès 55 dB(A) ;
- les acouphènes et les troubles associés.

D'autres effets, non repris par l'OMS, sont également bien documentés dans la littérature :

- naissances prématurées ;
- stress, angoisse, dépression ;
- qualité de la communication[2] ;
- vie sociale et familiale.

[2] Un bon échange verbal demande que le niveau sonore de la voix soit entre 10 et 12 dB au-dessus du niveau du bruit de fond. Le niveau d'une conversation habituelle est par ailleurs de 50 dB(A). Tout bruit ambiant caractérisé par un niveau de plus de 38 dB(A) est donc considéré comme gênant la conversation. L'OMS recommande que le niveau de bruit de fond ne dépasse pas 35 dB(A).

La productivité au travail est également affectée par un environnement bruyant (manque d'attention, fatigue prématurée).

Il n'y a par contre pas de risque de surdité, même très partielle, dans le chef des riverains : les niveaux sonores et les temps d'exposition sont bien en deçà des niveaux dangereux pour l'appareil auditif. Il n'en est évidemment pas de même pour les personnels travaillant autour des avions au sol qui doivent impérativement porter en permanence des casques protecteurs.

Plusieurs études épidémiologiques (en particulier les études françaises DEBATS[3] et INSOMNIA[4]) sont en cours afin de mieux quantifier les effets du bruit aéronautique sur la santé. Ces études conduisent à opérer le suivi de cohortes de riverains par questionnaire et/ou mesure. À mi-parcours, l'étude montre déjà une relation statistique significative entre l'exposition au bruit des avions et la mortalité par maladie cardio-vasculaire (+18 % pour une augmentation de 10 dB des niveaux d'exposition sur 24 heures au bruit des avions supérieur à 45 dB), par maladie cardiaque ischémique (+24 %) et par infarctus du myocarde (+28 %). Il importe toutefois de noter que, à ce stade, on ne peut exclure que cette mortalité plus élevée soit liée à un taux plus élevé de troubles cardio-vasculaires préexistants dans la population exposée. Le rapport final devrait lever cette incertitude.

Les recommandations de l'OMS en matière de limitation du bruit nocturne ont évolué au cours du temps. Dans le document *Night Noise Guidelines for Europe* publié en 2009 [Ref. 11], l'OMS recommande l'adoption de la valeur maximale $L_{night,outside}$ = 40 dB(A) comme objectif ultime (NNG ou *Night Noise Guideline*). Si cet objectif se révèle impossible à atteindre, un objectif intermédiaire (IT ou *Interim Target*) est proposé sous la forme d'une valeur maximale $L_{night,outside}$ = 55 dB(A). L'indicateur $L_{night,outside}$ s'identifie à l'indicateur L_{night} décrit dans la Section 3.7. Via cette notation particulière, le texte met l'accent sur la nécessité d'organiser un contrôle strict de cet indicateur de niveau *extérieur* de manière à limiter le bruit interne[5].

À titre d'exemple, la Figure 40 montre l'extension géographique des zones pour lesquelles l'indicateur L_{den} est supérieur à 65 dB(A) et l'indicateur L_{night}

3 http://www.debats-avions.ifsttar.fr/

4 INSOMNIA (Impact des Nuisances Sonores, Maladies et Insomnies, à Proximité des Aéroports). Résumé disponible à l'adresse : http://www.infobruit.com/revues/78_10546.PDF

5 Le rapport de l'OMS [Ref. 11] fait l'hypothèse d'une isolation moyenne (intégrée) de 21 dB pour quantifier le bruit intérieur.

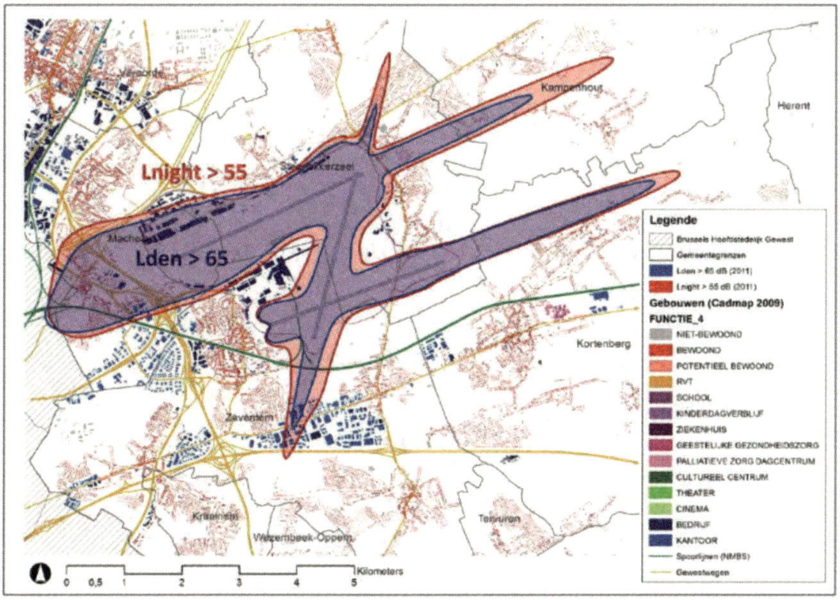

Figure 40 — Carte indiquant la zone où l'indicateur L_{den} est supérieur à 65 et la zone où l'indicateur L_{night} est supérieur à 55 (données d'exploitation 2011, [Ref. 27]).

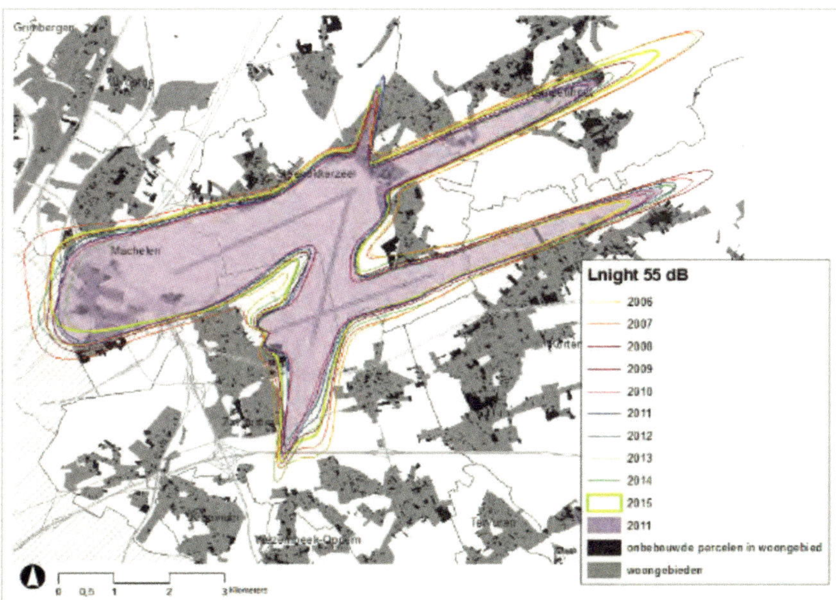

Figure 41 — Carte indiquant l'évolution de l'extension géographique de la zone où l'indicateur L_{night} est supérieur à 55 (données d'exploitation 2006-2015, [Ref. 27]).

est supérieur à 55 dB(A) pour l'aéroport de Bruxelles-National. L'examen de cette carte et du nombre d'habitations concernées montre l'ampleur du travail à réaliser...

Dans le plan d'action élaboré par la Région flamande, on peut observer l'évolution de l'extension géographique de la zone pour laquelle l'indicateur L_{night} est supérieur à 55 dB(A) [Figure 41].

6.5 SYNTHÈSE DU CHAPITRE

Une mesure précise de l'exposition au bruit des riverains n'est possible que pour un nombre limité de sites. L'exposition au bruit est donc calculée sur base de :

- données statistiques ou théoriques pour construire le plan d'exposition au bruit (*ex ante*) que chaque aéroport doit publier et mettre régulièrement à jour ;
- données historiques pour vérifier *ex post* la pertinence du plan d'exposition au bruit en tant qu'indicateur de la nuisance effectivement subie.

Les cartes se matérialisent sous forme d'une série d'empreintes au sol, réalisées suivant différents critères. Celles-ci peuvent être croisées avec différents types d'informations démographiques ou sociologiques et peuvent être utilisées en conjonction avec les relations dose-effet qui ont été présentées.

Le bruit a un certain nombre d'effets négatifs bien documentés sur la santé.

CHAPITRE 7

MOYENS D'ACTIONS

Malgré les progrès réalisés à chaque nouvelle génération d'avion (chapitres 4 et 5), le problème des nuisances aéroportuaires est de plus en plus prégnant. Ceci s'explique par la combinaison de deux effets :

- la croissance continue du trafic et de la flotte [Figure 42] ;
- la densification de la population au voisinage des aéroports.

Il y a tout simplement plus de vols impactant un plus grand nombre d'habitants.

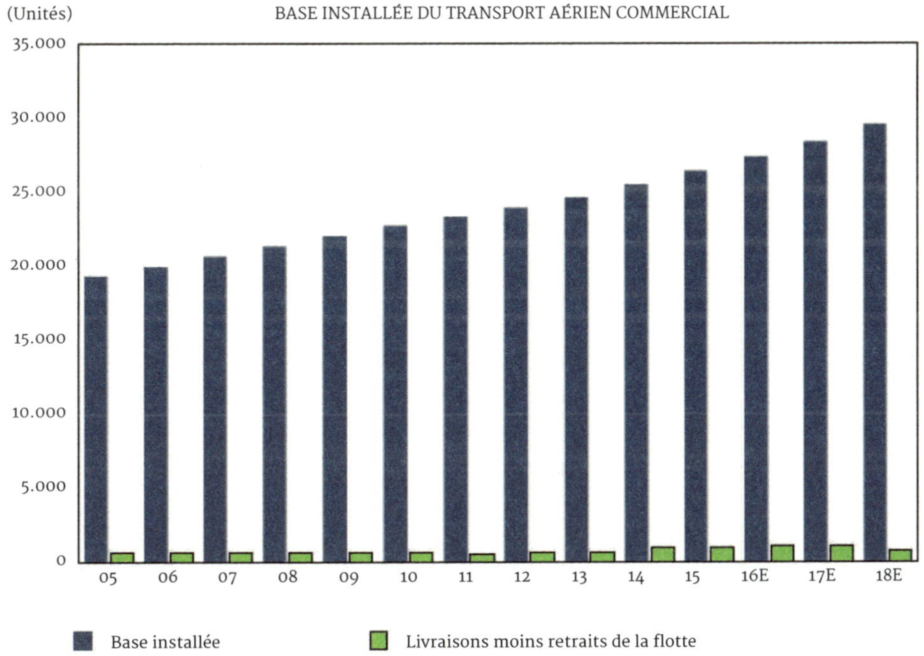

Figure 42 — Évolution du nombre d'avions de transports civils de 2005 à 2018, les chiffres 2016 à 2018 étant des projections établies fin 2015 (d'après [Ref. 41]).

Les moyens d'actions se déclinent en moyens préventifs et en moyens curatifs. Les moyens *préventifs* sont les suivants :

- amélioration de la performance acoustique des avions (voir chapitre 4) ;
- restrictions sur les types d'avions autorisés (voir le chapitre 5 et l'interdiction des avions de la catégorie « chapitre 2 » ou les restrictions touchant les avions de la catégorie « chapitre 3 bruyants ») ;
- modification des procédures de décollage et d'atterrissage ;
- choix des pistes : sur les aéroports possédant deux doublets de pistes suffisamment séparés, une exploitation alternée des doublets peut conduire à une meilleure dilution du bruit pour les riverains situés sous les trajectoires associées [Ref. 36] ;
- contrôle de la conformité des trajectoires suivies ;
- restriction sur le nombre et les horaires des décollages et atterrissages ;
- politique de communication adaptée.

Les moyens *curatifs* sont l'isolation des maisons et bureaux impactés ou le rachat (de gré à gré ou par une procédure d'expropriation) des biens trop exposés.

7.1 PROCÉDURES D'ATTERRISSAGE ET DE DÉCOLLAGE

La procédure standard de décollage est formée de trois segments :

- une ascension initiale rapide à pleine puissance dans le but de limiter la superficie de la zone soumise au bruit maximum ;
- une réduction de la vitesse (*cut-back*) suivie d'une prise d'altitude plus lente afin de soumettre la zone survolée à un bruit plus modéré ;
- une reprise des gaz une fois que la zone à protéger est dépassée.

En matière d'atterrissage, la procédure classique alterne des phases de descente et de brèves phases de remise des gaz.

La Figure 43 montre différentes possibilités d'évolution des trajectoires pouvant conduire à une réduction des nuisances.

- Une trajectoire d'approche à pente continue (CDO : *Continuous Descent Operation*), suivant une pente de 3° ou plus[1], est très favorable puisqu'elle supprime les phases bruyantes de remise des gaz. L'impact peut être considérable comme l'indique la Figure 44.

1 Une étude récente du DLR a démontré qu'une pente ILS de 3,2° permettrait un gain de 1,2 dB.

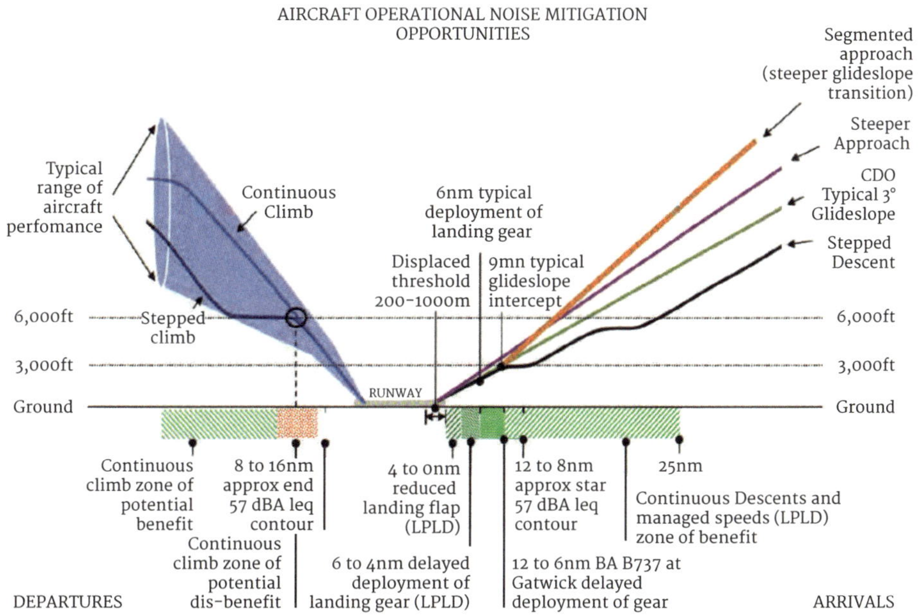

Figure 43 — Scénarios de modification des trajectoires d'atterrissage et de décollage dans le but de réduire la nuisance sonore [Ref. 15].

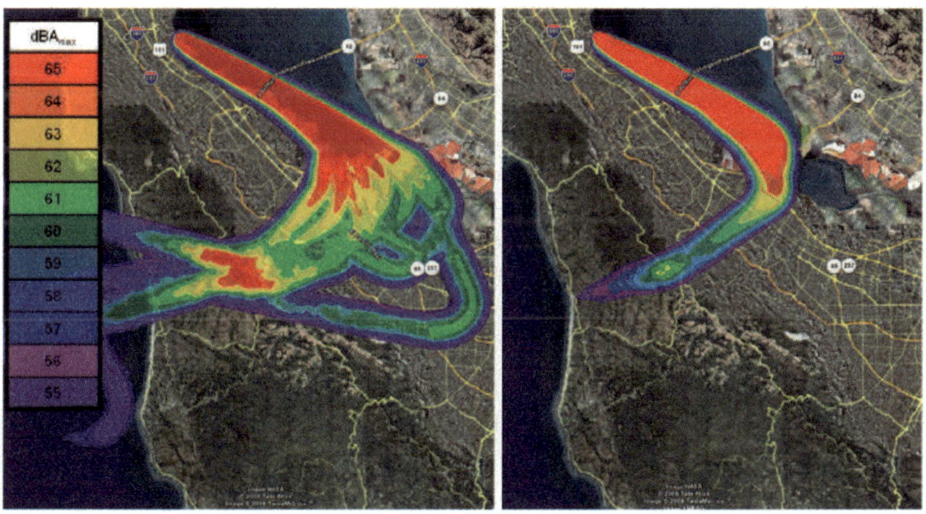

Figure 44 — Exposition au bruit de l'aéroport de San Francisco. À gauche : trajectoire d'atterrissage classique, à droite : trajectoire CDO [Ref. 16].

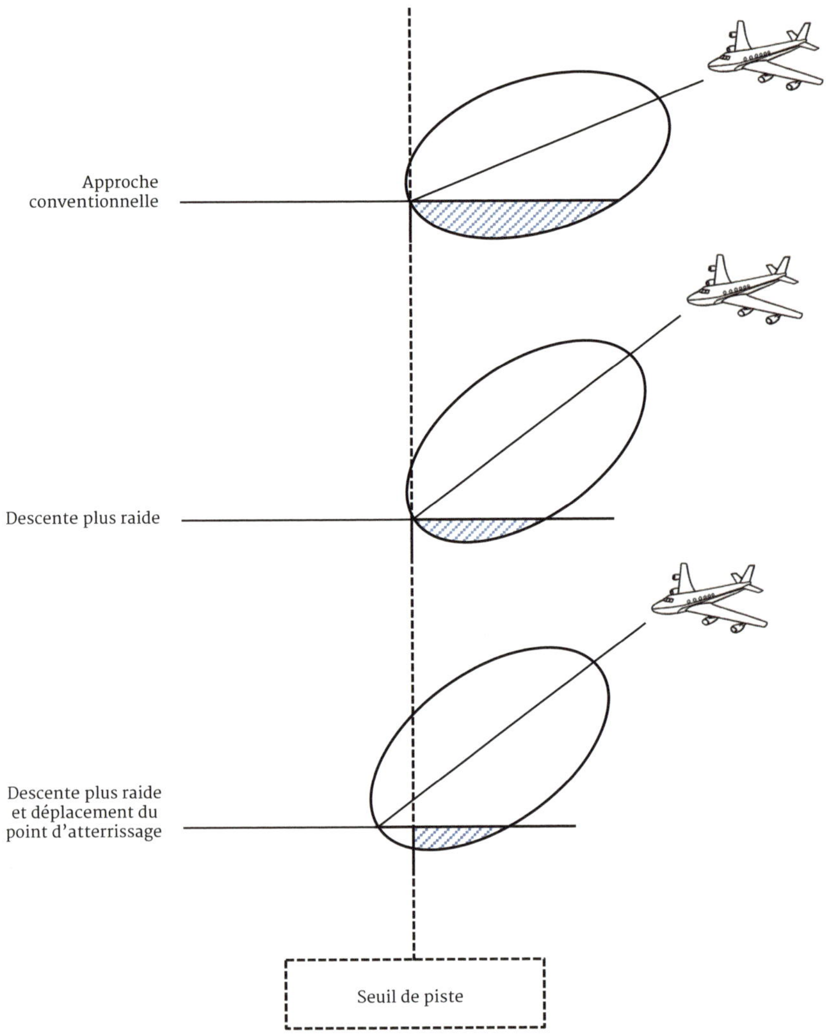

Figure 45 — La zone affectée par un bruit élevé (hachurée) varie considérablement avec la procédure d'approche. La figure montre, schématiquement, l'effet d'une descente plus raide et d'un déplacement du point d'atterrissage (d'après [Ref. 16]).

- Une trajectoire de décollage à pente continue impose un niveau de bruit plus élevé aux abords immédiats de l'aéroport mais a un impact favorable sur le reste de l'espace survolé.
- Le décalage du point d'atterrissage un peu au-delà du seuil de piste peut également avoir un impact important [Figure 45].

L'usage systématique de procédures PBN (*Performance Based Navigation*), recommandé par l'OACI et obligatoire à partir de janvier 2018, devrait permettre de suivre avec plus de rigueur des trajectoires à nuisance réduite.

7.2 CONFORMITÉ DES TRAJECTOIRES

Chaque avion est tenu de suivre une trajectoire fixée par les AIP (*Aeronautical Information Publications*), mais la trajectoire exacte dévie bien évidemment toujours de cette recommandation. La dispersion des vols s'explique par la masse de l'avion, sa motorisation, les conditions atmosphériques ou des objectifs de réduction du temps de vol ou de consommation de carburant.

Il faut toutefois veiller à ce que cette dispersion soit raisonnable et contrôlée ; si ce n'est pas le cas, la carte des nuisances réelles peut s'avérer très différente de celle présentée dans le plan d'exposition au bruit.

Des sanctions doivent donc être prévues pour les trajectoires anormales pour autant que celles-ci ne soient pas justifiées par des raisons impérieuses (sécurité, météo, etc.).

7.3 RESTRICTIONS

Un moyen d'action, aisé à mettre en place mais affectant profondément le modèle économique de l'aéroport et des compagnies aériennes, consiste à imposer des restrictions sur l'activité de l'aéroport lui-même. Ces mesures peuvent être de différents types :

- couvre-feux (*curfew*) : interdiction d'opérer entre deux heures déterminées, typiquement au cœur de la nuit ;
- pénalités financières dans le chef des compagnies aériennes pour atterrissage tardif, non-respect des procédures de contrôle des nuisances (*noise abatement procedures*[2]) ou utilisation d'avions trop bruyants ;

2 Ces procédures sont recensées par l'OACI. À titre d'exemple, les procédures NDAP1 et NADP2 conduisent à moduler la poussée et l'utilisation des dispositifs hypersustentateurs de manière à réduire les nuisances au sol.

- limites sur le niveau de bruit émis, les avions dépassant cette limite n'étant pas autorisés à atterrir[3] ou étant pénalisés (la limite peut être différente dans différentes plages horaires) ;
- quotas : définition d'une dose de bruit maximum autorisée dans une plage horaire donnée durant une période déterminée[4] (voir la Section 3.14).

Un nombre croissant d'aéroports mettent en place de telles restrictions [Figure 46]. Le règlement européen 598/2014 du 16 avril 2014 conditionne la mise en œuvre de restrictions d'exploitation à la possibilité d'améliorer le niveau général de bruit autour des aéroports, même si ces restrictions limitent les capacités de ceux-ci. En outre, les États membres doivent comparer les coûts occasionnés par de telles dispositions aux bénéfices escomptés.

Le principal frein à la mise en œuvre de telles mesures est la concurrence effrénée entre plateformes aéroportuaires.

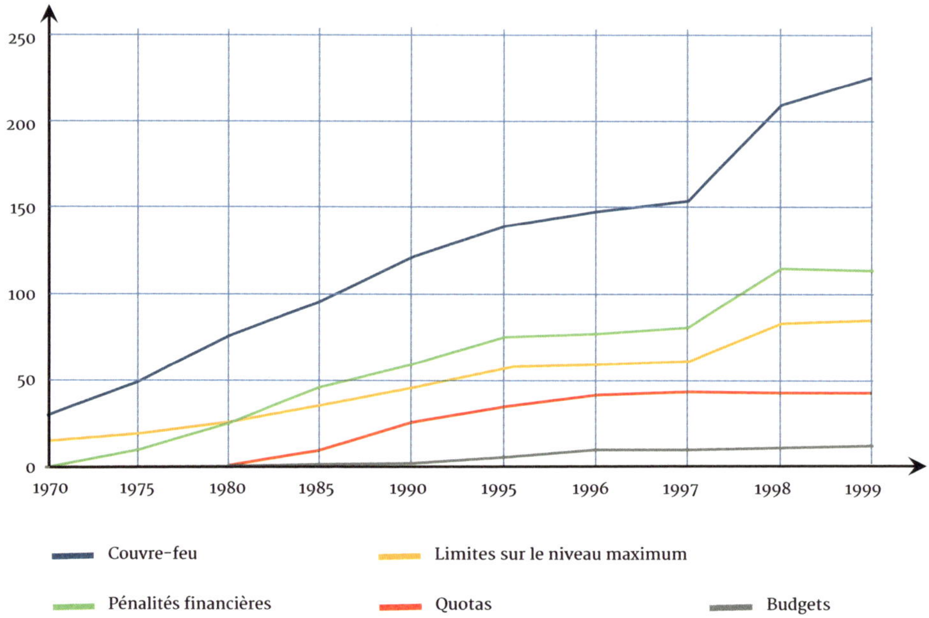

Figure 46 — Évolution du nombre de mesures de restriction de différents types sur la période 1970-2000 (d'après [Ref. 2]).

3 Exemple : Interdiction des avions présentant une marge cumulée inférieure à 13 EPNdB à Nice Côte d'Azur et à Toulouse-Blagnac ou interdiction à Roissy d'un niveau supérieur à 99 EPNdB au départ (point de survol) et 104,5 EPNdB à l'arrivée (point d'approche).

4 Exemple : L'aéroport de Londres-Heathrow pratique un système de quotas de bruit fixé par saison aéronautique.

7.4 ISOLATION DES HABITATIONS

Si on ne peut agir sur la source de bruit, il faut intercaler entre celle-ci et l'auditeur un élément apportant une isolation (mur, fenêtre). L'isolation acoustique est définie par un indice qui mesure, en décibels, la perte de puissance acoustique entre la face exposée au bruit (côté extérieur) et la face tournée vers l'auditeur (côté intérieur). Une paroi isolante agit en combinant deux effets complémentaires :

- la réflexion : une partie de la puissance acoustique incidente est réfléchie ;
- l'absorption ou dissipation : une partie de la puissance qui pénètre dans la paroi y est dissipée en chaleur. Les vitrages « acoustiques » accroissent cette dissipation en intercalant une couche de matériau viscoélastique entre les lames de verres. La laine de roche qu'on place dans l'interstice entre deux parois joue un rôle d'isolant thermique mais est aussi un absorbant acoustique.

La puissance transmise est égale à la différence entre la puissance incidente et les puissances réfléchies et dissipées.

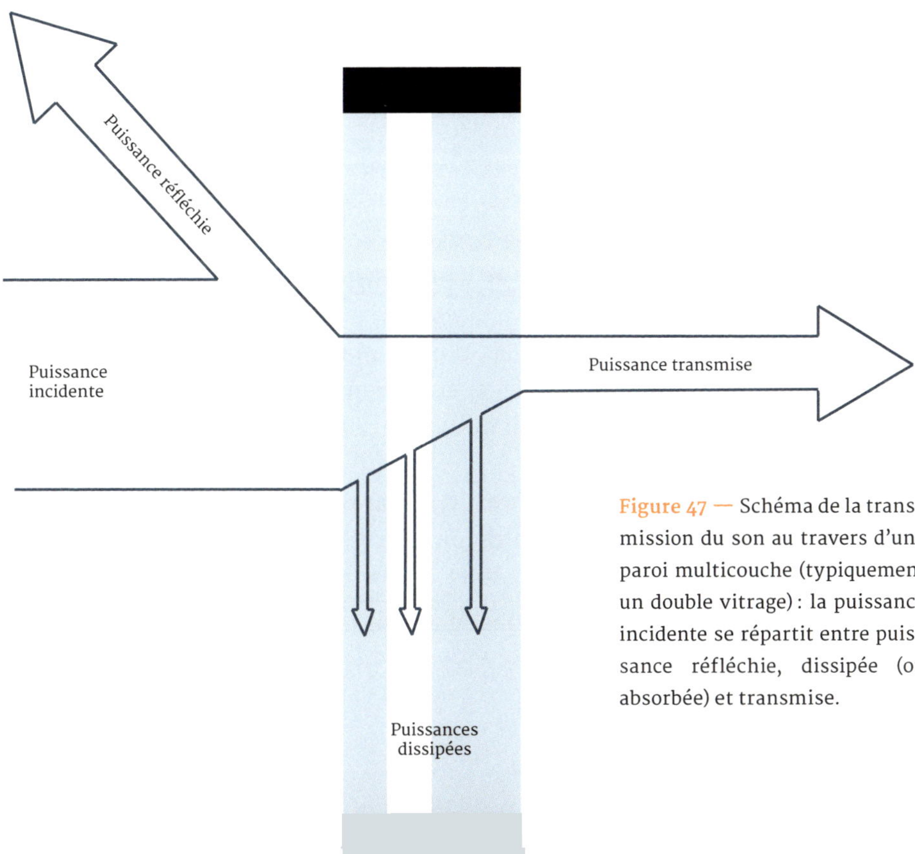

Figure 47 — Schéma de la transmission du son au travers d'une paroi multicouche (typiquement un double vitrage) : la puissance incidente se répartit entre puissance réfléchie, dissipée (ou absorbée) et transmise.

La qualité de l'isolation acoustique d'une maison dépend bien entendu de la qualité des éléments individuels utilisés (fenêtres, châssis, murs et parois, toiture) mais aussi, *et de manière déterminante, de la manière dont ces éléments sont mis en œuvre.* Le moindre défaut d'isolation (joint mal fait, ouverture non couverte) réduit considérablement l'isolation totale (principe du maillon faible).

7.5 RACHAT ET GESTION FONCIÈRE

Lorsqu'un bien est trop exposé au bruit et que son isolation est impossible, un rachat doit être envisagé. Ce type d'opération permet, le cas échéant, une réaffectation du bien à des fins économiques ou sa destruction.

Cette mesure s'inscrit dans le cadre plus large de la gestion foncière qui conduit à organiser la planification territoriale en tenant compte de l'exposition au bruit aéroportuaire.

Dans ce contexte, l'ACNUSA a vu aboutir en 2015 une de ses recommandations portant sur une modification du code de l'urbanisme plaçant les PEB[5] au rang des servitudes d'urbanisme. De cette manière, tout candidat acquéreur d'un bien exposé au bruit aéroportuaire a la garantie d'être informé de cette nuisance.

7.6 COMMUNICATION

La mise en œuvre d'une politique de communication efficace mérite incontestablement d'être privilégiée. Ce constat s'appuie sur l'analyse historique du développement aéroportuaire et des multiples facteurs susceptibles de l'affecter.

La capacité environnementale d'une plateforme aéroportuaire est influencée par la relation que celle-ci entretient avec les riverains et par les diverses mesures d'accompagnement et d'encadrement mises en place pour réduire l'effet des nuisances.

À l'image de pratiques étrangères, il apparaît dès lors utile de mettre en place des chartes environnementales (ou chartes du développement durable). De telles chartes se présentent sous la forme de projets mobilisateurs associant tous les partenaires (société de gestion, compagnies, riverains,

5 Les PEB (Plan d'Exposition au Bruit) français sont les équivalents des PDLT (Plan de Développement à Long Terme) wallons.

organismes de contrôle, etc.). Une telle démarche correspond à une évolution historique des pratiques environnementales faisant apparaître quatre phases successives dans la gestion des nuisances [Figure 48].

La première phase fut celle de l'ignorance. Le bruit y était présenté comme une conséquence inévitable de la présence d'un aéroport. Le nombre de mouvements était réduit mais les niveaux de bruit associés à chaque mouvement étaient élevés. La gêne globale restait admissible.

En réaction aux plaintes des riverains suite à l'augmentation du trafic, la deuxième phase a consisté à mesurer les niveaux de bruit et à laisser entrevoir une amélioration progressive de la situation résultant principalement de progrès techniques. Le recours systématique à des métriques acoustiques complexes n'a pas facilité la relation entre les autorités aéroportuaires et les riverains. De nombreux aéroports ont pris conscience à ce moment que leur capacité future de croissance serait tôt ou tard limitée par les contraintes environnementales.

Dans la troisième phase, les opérateurs ont cherché à réduire l'impact environnemental en mettant en place des plans d'exposition au bruit ainsi que des mesures d'accompagnement (rachat et isolation) et d'encadrement (conditions d'exploitation).

La quatrième génération de pratiques environnementales devrait privilégier une amélioration de la capacité environnementale des aéroports. Cette stratégie consiste à accroitre la tolérance des riverains via une réduction des nuisances environnementales et le développement de meilleures relations avec ceux-ci. L'expérience montre en effet qu'une stratégie de communication visant à mieux informer les riverains des projets de développement de l'aéroport et des raisons ayant conduit à l'occurrence d'évènements particuliers (vols de nuit exceptionnels par exemple) est de nature à améliorer significativement les relations entre l'exploitant de l'aéroport et la population riveraine.

La maîtrise des nuisances, dans le respect des objectifs de développement durable de l'activité aéroportuaire et de la qualité de l'environnement des riverains, constitue dès lors un enjeu majeur pour toutes les parties concernées (exploitants aéroportuaires, pouvoirs locaux, compagnies et riverains).

Une charte de qualité de l'environnement est de nature à dynamiser le partenariat entre ces acteurs en définissant des engagements forts et des actions concrètes pour maîtriser et réduire les nuisances. De bons exemples peuvent être trouvés en France[6] où la mise en place de telles chartes a contribué à une pacification des relations riverains-exploitants sur de grandes plateformes.

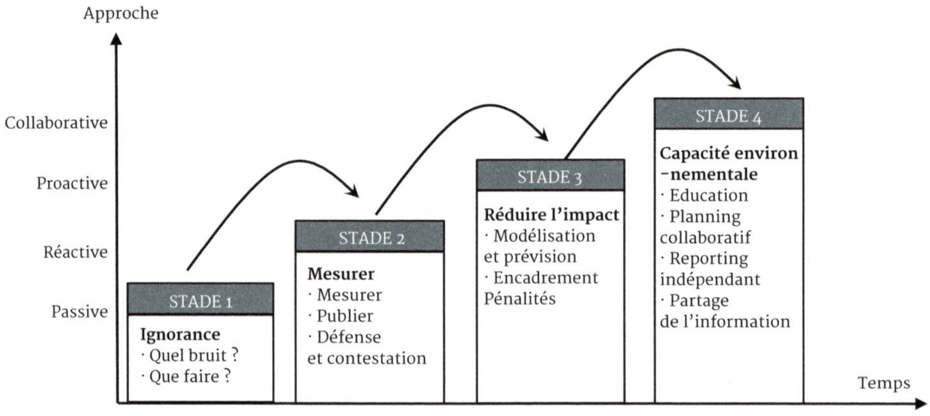

Figure 48 — Évolution des pratiques environnementales aéroportuaires (d'après [Ref. 17]).

6 À titre d'exemple : Charte de qualité de l'environnement, Aéroport Toulouse-Blagnac, Contexte d'élaboration de la charte, 2002.

CHAPITRE 8

RÉGLEMENTATION EUROPÉENNE

Les directives européennes sont à la base de la législation applicable dans les différents pays de l'Union. Nous présentons ici un court résumé du contenu des trois directives qui constituent le corpus législatif européen en la matière.

8.1 DIRECTIVE 2002/49/CE (25 JUIN 2002)

Cette directive est relative à l'évaluation et à la gestion du bruit dans l'environnement. Elle concerne exclusivement le bruit émis par les moyens de transport (trafic routier, ferroviaire ou aérien) et provenant de sites d'activité industrielle.

La directive vise à établir des méthodes communes d'évaluation du bruit dans l'environnement et à développer des plans d'action appropriés. Les indicateurs retenus sont l'indicateur L_{den} pour évaluer la gêne et l'indicateur L_{night} pour évaluer les perturbations du sommeil. Des indicateurs complémentaires (L_{day}, $L_{evening}$, L_{Amax}, SEL, etc.) peuvent également être utilisés. La fixation des valeurs limites des indicateurs retenus est du ressort des États membres.

La directive impose l'élaboration de cartes de bruit stratégiques dans certaines zones d'intérêt particulier (comme les « grands aéroports » où le nombre de mouvements dépasse 50 000 mouvements par an). La cartographie du bruit doit identifier différentes zones d'exposition et permettre l'évaluation, dans chaque zone, du nombre de personnes et du nombre d'habitations exposées. Les effets nuisibles peuvent être évalués via les relations dose-effet.

En outre, les autorités compétentes sont invitées à établir, en concertation avec le public, des plans d'action dans ces zones. Les mesures prises dans ces plans sont laissées à la discrétion des autorités compétentes. Les cartes de bruit stratégiques et les plans d'action sont réexaminés et, le cas échéant, révisés tous les 5 ans.

Les États membres sont invités à mettre en vigueur les dispositions législatives, réglementaires et administratives nécessaires pour se conformer à la directive au plus tard le 18 juillet 2004.

8.2 Directive 2015/996 (19 mai 2015)

Cette directive établit des méthodes communes d'évaluation du bruit conformément à la directive 2002/49/CE. Elle fixe ces méthodes d'évaluation compte tenu des progrès scientifiques réalisés ces dernières années. Les États membres seront tenus d'utiliser ces méthodes à partir du 31 décembre 2018.

8.3 Règlement 598/2014 (16 avril 2014)

Ce règlement est relatif à l'établissement de règles et de procédures concernant l'introduction de restrictions d'exploitation liées au bruit dans les aéroports de l'Union, dans le cadre d'une « approche équilibrée ». Il abroge la directive 2002/30/CE (26 mars 2002).

Approche équilibrée

La résolution A33/7 de l'OACI a introduit le concept d'approche équilibrée de la gestion du bruit et a défini une méthode de traitement des nuisances sonores liées au trafic aérien. L'approche équilibrée vise à examiner de façon cohérente les diverses mesures disponibles, à savoir la réduction à la source des nuisances sonores liées au trafic aérien, l'aménagement et la gestion du territoire, les procédures d'exploitation dites « à moindre bruit » et les restrictions d'exploitation, en vue de traiter le problème du bruit de manière économiquement efficiente, aéroport par aéroport.

Le règlement européen considère que l'introduction de restrictions d'exploitation au cas par cas par les États membres dans les aéroports de l'Union peut contribuer à améliorer le niveau général de bruit autour des aéroports, même si elles en limitent les capacités.

Une nouvelle définition des restrictions d'exploitation, plus large que celle de la directive 2002/30/CE que le règlement abroge, est introduite afin de faciliter la mise en œuvre des nouvelles technologies et des nouvelles capacités opérationnelles des aéronefs et des équipements au sol.

Le règlement indique que les États membres doivent veiller à ce que, lorsque des mesures sont prises en matière de bruit, l'association suivante de mesures envisageables soit examinée, en vue de déterminer la mesure ou la combinaison de mesures présentant le meilleur rapport coût-efficacité :

- l'effet prévisible d'une réduction à la source des nuisances sonores liées au trafic aérien ;
- la planification et la gestion de l'utilisation des terrains ;
- des procédures opérationnelles de réduction du bruit ;
- des restrictions d'exploitation ne sont pas appliquées en première intention, mais seulement après examen des autres mesures de l'approche équilibrée.

Au nombre des mesures envisageables peut figurer, si nécessaire, le retrait des aéronefs présentant une faible marge de conformité. Les États membres, ou les organismes gestionnaires d'aéroports, selon le cas, peuvent offrir des incitations économiques pour encourager les exploitants d'aéronefs à utiliser des aéronefs moins bruyants pendant une période de transition. Ces incitations économiques sont conformes aux règles applicables en matière d'aides d'État.

Le règlement (obligatoire dans tous ses éléments) est entré en vigueur le 13 juin 2016 et est directement applicable dans tout État membre.

CHAPITRE 9

LES AÉROPORTS DE LIÈGE ET CHARLEROI

Même si leurs finalités et leurs conditions d'exploitation ne sont pas identiques, les aéroports de Liège et Charleroi obéissent à des règles similaires. Nous présenterons donc leur situation dans le même chapitre.

Le développement de ces deux aéroports résulte d'une décision politique prise par le Gouvernement wallon en 1990 en vue d'assurer le redéploiement économique de la Wallonie. Cette volonté politique a également conduit à spécialiser les deux aéroports (voir une analyse historique de leur genèse dans [Ref. 5]).

Le Gouvernement wallon a opté pour une stratégie de concentration des mouvements qui a alimenté l'élaboration de deux types de plans : le plan d'exposition au bruit (PEB) et le plan de développement à long terme (PDLT). Les modalités d'évaluation de ces plans sont détaillées dans les sections suivantes. Les mesures d'encadrement (restrictions d'exploitation) et d'accompagnement (isolation et rachat d'immeubles en particulier) s'articulent sur ces plans.

Cette approche pragmatique a permis de mettre en œuvre une politique d'accompagnement efficace et de réduire *de facto* le nombre de plaintes.

9.1 HISTORIQUE RAPIDE

9.1.1 *Charleroi Bruxelles Sud*

L'aéroport de Gosselies (présentement dénommé « aéroport de Charleroi Bruxelles Sud ») apparaît en 1919 ; il accueille une école de pilotage et des activités de maintenance. Une entreprise de constructions aéronautiques anglaise, Fairey, y installe sa succursale belge en 1931, implantant dans le Hainaut un savoir-faire dont on retrouve les traces aujourd'hui dans les activités de la SABCA ou de la SONACA.

Après une éphémère ligne Liège-Charleroi-Londres créée par la Sabena dans les années 70, l'activité de transport de passagers s'endort pour 25 ans jusqu'à l'arrivée de Ryanair en 1997. Depuis, le développement de l'aéroport est considérable : le nombre annuel de passagers passant par Gosselies croît progressivement de 210 000 passagers en 1998 à 7 300 000 passagers en 2016. Cette expansion s'est accompagnée de la construction d'un nouveau terminal (inauguré en 2008) et d'une augmentation significative du nombre de compagnies et du nombre d'avions basés opérant au départ de l'aéroport de Charleroi Bruxelles Sud. Cette croissance a justifié l'extension récente de l'aérogare (Terminal T2) inaugurée en décembre 2016.

9.1.2 *Liège Airport*

L'aéroport de Liège-Bierset est, à sa création et pendant plusieurs décennies, un aéroport militaire ; ce n'est qu'en 2009 que l'aéroport abandonne définitivement toute vocation militaire. L'activité civile débute timidement en 1957 et reste, à ce jour, modérée : depuis plusieurs années le trafic est stable à environ 300 000 passagers par an.

L'activité de fret s'est, par contre, développée de manière considérable passant de 7 800 tonnes (en 1996) à 650 000 tonnes (en 2015). Liège Airport est le centre logistique mondial de TNT Airways et le centre européen de CAL Cargo Airlines, El Al Cargo et Ethiopian Cargo. Liège Airport occupait en 2015 la 8e place parmi les aéroports de fret européens.

9.2 PEB ET MESURES D'ACCOMPAGNEMENT

9.2.1 *Délimitation des zones du PEB*

Les plans d'exposition au bruit (PEB), basés sur le trafic actuel et sur une projection à dix ans, définissent quatre zones (Figure 49 et Figure 50, voir la Section 3.7 pour une définition du niveau L_{den}) :

- la zone A' où le niveau L_{den} est supérieur ou égal à 70 dB(A) ;
- la zone B' où le niveau L_{den} est supérieur ou égal à 66 et inférieur à 70 dB(A) ;
- la zone C' où le niveau L_{den} est supérieur ou égal à 61 et inférieur à 66 dB(A) ;
- la zone D' où le niveau L_{den} est supérieur ou égal à 56 et inférieur à 61 dB(A).

Ces plans d'exposition au bruit ont été fixés par divers arrêtés du Gouvernement wallon en mai 2004 et s'inscrivent dans le cadre de la loi du 18 juillet 1973 relative à la lutte contre le bruit.

Les valeurs limites sélectionnées par le législateur wallon pour la délimitation des différentes zones sont inspirées d'un article de J.S. Bradley [Ref. 1]. Dans cette étude épidémiologique, l'auteur indique qu'en dessous du niveau L_{dn} = 56 dB(A), il n'y a pas de preuve significative d'effets négatifs dus à l'exposition au bruit aéroportuaire. Par contre, au-delà du niveau L_{dn} = 61 dB(A), tous les effets négatifs sont établis. Des effets très significatifs sont en outre observés au-delà du niveau L_{dn} = 66 dB(A). L'ACNAW (cf. Section 9.7) a émis un avis à propos du choix de ces valeurs pivots [Ref. 33]. On notera que l'étude de Bradley exploite l'indicateur L_{dn} (séparation en deux plages horaires : jour et nuit) alors que la législation wallonne, comme d'ailleurs la plupart des législations nationales, s'est alignée sur l'indicateur L_{den} (séparation en trois plages horaires : jour, soirée et nuit, voir Section 3.7).

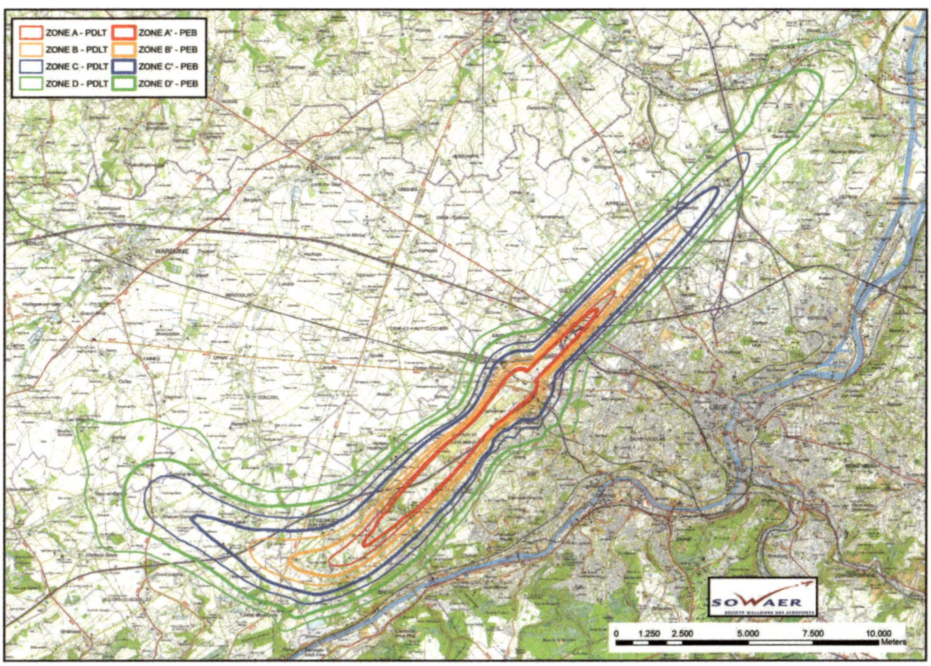

Figure 49 — Plan d'exposition au bruit et plan de développement à long terme de l'aéroport de Liège-Bierset. Source : SOWAER.

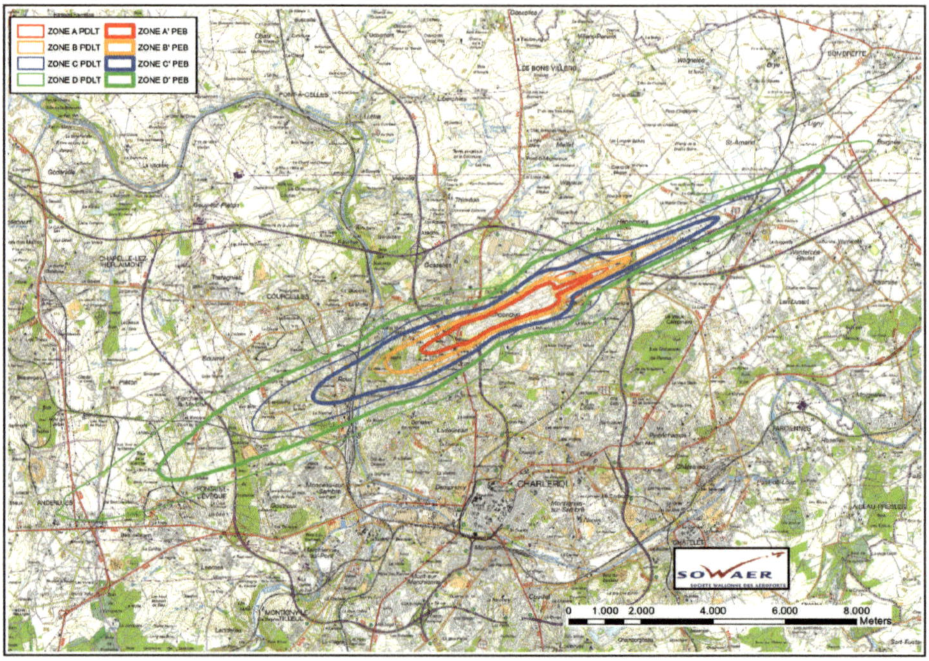

Figure 50 — Plan d'exposition au bruit et plan de développement à long terme de l'aéroport de Charleroi-Gosselies. Sources : SOWAER.

9.2.2 *Mesures d'accompagnement*

Le site de la SOWAER (Société Wallonne des Aéroports, gestionnaire des mesures d'accompagnement en faveur des riverains, [Ref. 44]) précise les compensations auxquelles ceux-ci ont droit :

- en zones A' et B' :
    - rachat ou insonorisation des immeubles (sauf dans certaines zones destinées à l'activité économique, où seul un rachat est possible) ;
    - primes de déménagement octroyées aux locataires ;
    - indemnités pour les personnes qui exercent une activité commerciale ou professionnelle en cas de perte de revenus induite par le développement aéroportuaire ;
- en zones C' :
    - insonorisation des immeubles ;
- en zones D' :
    - primes forfaitaires à l'insonorisation des immeubles.

Les insonorisations réalisées avec l'appui de la SOWAER en zones A', B' et C' sont assorties d'obligations de résultat. Pour peu que le bien soit localisé à l'extérieur de la zone A du plan de développement à long terme (PDLT), cette obligation vise à atteindre les recommandations de l'OMS soit 45 dB(A) dans les pièces de nuit et 55 dB(A) dans les pièces de jour.

Les riverains de Charleroi ne peuvent bénéficier que d'une isolation des pièces de jour (deux pièces principales de séjour) alors que les riverains de Liège peuvent, en outre, isoler les pièces de nuit (une pièce par habitant).

Près de 11 000 immeubles sont localisés dans les diverses zones du PEB de l'aéroport de Liège et 9 500 immeubles sont répertoriés dans les zones du PEB de Charleroi. Les opérations de rachat ou d'isolation de ces immeubles ont été initiées en 1999 et sont toujours en cours. Fin 2015, 8 234 insonorisations et primes avaient été octroyées aux riverains et 1 690 immeubles avaient été acquis.

Il importe de souligner que les mesures d'accompagnement (rachat, isolation, primes) bénéficient au demandeur qui, à la date d'entrée en vigueur des arrêtés du Gouvernement wallon délimitant les zones du PDLT des aéroports, est « propriétaire, emphytéote ou titulaire d'un droit d'emphytéose, superficiaire ou titulaire d'un droit de superficie, ou encore titulaire d'un bail de résidence principale sur l'immeuble d'habitation faisant l'objet de la demande ».

Les cellules SOWAER Environnement (anciennement SERINFO), dédiées à l'information aux riverains, ont été créées en 1996. Elles sont sous la tutelle de la SOWAER depuis 2002. Localisées sur chaque site aéroportuaire wallon, elles fournissent aux riverains l'information concernant les nuisances sonores aéroportuaires et l'aide requise pour constituer un dossier d'insonorisation ou de rachat.

9.2.3 *Révision des plans d'exposition au bruit*

Le décret du 29 avril 2004 indique que les plans d'exposition au bruit (PEB) des deux aéroports font l'objet d'une révision triennale sans que les nouvelles zones ainsi délimitées ne puissent être réduites par rapport à celles définies avant la révision et ne puissent dépasser les limites fixées par le plan de développement à long terme (PDLT). La dernière révision triennale a eu lieu en 2015. L'ACNAW a formulé des avis[1] relatifs aux révisions successives des PEB.

1 http://www.acnaw.be/opencms/opencms/fr/Publications/Avis.html

9.2.4 *Principe d'égalité*

L'application du *principe d'égalité* est réglementée par l'arrêté du Gouvernement Wallon (AGW) du 27 février 2003 (modifié par l'AGW du 27 mai 2004). En vertu de ce principe, un riverain estimant subir une nuisance plus élevée que celle de la zone dans laquelle se trouve son habitation peut demander à ce que des mesures soient faites à son domicile. Si la mesure démontre qu'il en est ainsi, le riverain peut alors bénéficier des avantages de la zone à laquelle le rattache le niveau L_{den} mesuré.

Les modalités précises d'application de ces dispositions sont disponibles sur le site de la SOWAER.

9.3 PDLT ET PLANIFICATION TERRITORIALE

9.3.1 *Délimitation des zones du PDLT*

Comme on vient de l'indiquer, le PEB (Plan d'Exposition au Bruit) prend en compte l'exploitation effective de l'aéroport et ses perspectives de développement à moyen terme ; il est revu tous les trois ans et conduit à la définition des zones A', B', C' et D'.

Le PDLT (Plan de Développement à Long Terme) propose une cartographie du bruit faisant l'hypothèse d'une exploitation maximale de l'infrastructure. Il définit quatre zones :

- la zone A où le L_{den} serait égal ou supérieur à 70 dB(A) ;
- la zone B où il serait supérieur ou égal à 65 et inférieur à 70 dB(A) ;
- la zone C où il serait supérieur ou égal à 60 et inférieur à 65 dB(A) ;
- la zone D où il serait supérieur ou égal à 55 et inférieur à 60 dB(A).

C'est un outil de planification territoriale. Il identifie les zones qui, à terme, pourraient être soumises à une nuisance sonore plus élevée que celle observée actuellement.

Les PDLT des deux aéroports régionaux ont été fixés par des arrêtés du Gouvernement wallon en 2004 ; ils se basent sur une projection du trafic à l'horizon 2020.

9.3.2 *Mesures d'accompagnement*

À l'intérieur de la zone A du PDLT, les travaux d'isolation doivent permettre d'obtenir un affaiblissement au bruit de 38 dB(A) dans les pièces de jour et de 42 dB(A) dans les pièces de nuit.

Il y a donc, en ce qui concerne la zone A, obligation de moyen (assurer un affaiblissement acoustique donné) alors que dans les zones définies par le PEB il y avait obligation de résultat (assurer un niveau sonore maximal donné). Au travers de cette mesure, le législateur reconnaît la difficulté de garantir le respect des recommandations de l'OMS à l'intérieur de la zone A.

9.3.3 *Dispositions urbanistiques*

Le Code wallon de l'Aménagement du Territoire, de l'Urbanisme et du Patrimoine (CWATUP) contient un chapitre particulier (Article 442/1 et suivants) fixant un règlement d'urbanisme sur la qualité acoustique dans les zones B, C et D des PDLT des aéroports de Charleroi Bruxelles Sud et Liège-Bierset (AGW du 8 septembre 2005).

Celui-ci impose la réalisation d'une étude acoustique pour tout nouveau projet de construction ou de rénovation. Ce règlement s'applique aux « bâtiments ou parties de bâtiments destinés à l'habitation ou à l'hébergement de personnes, en ce compris les studios, les flats et les kots, les internats et les homes pour étudiants, les hôtels, les établissements de soins, les résidences pour personnes âgées, ainsi qu'aux crèches, aux haltes-garderies, aux écoles et aux bibliothèques[2] ».

9.4 PROCÉDURES DE VOL

Les procédures de vol mises en œuvre sur les deux plateformes sont détaillées dans les AIP. Ces procédures visent, entre autres, à réduire le bruit à la source (fixation du taux de montée, procédures moindre bruit, définition des routes SID[3]). L'équipement P-RNAV[4] dont sont dotés les aéronefs récents permet l'exploitation de points de passage (*waypoints*) précis et contribue donc au respect des trajectoires. La mise en œuvre progressive de CDO[5] contribue aussi à la réduction des nuisances sonores ainsi qu'à une réduction de la consommation et des émissions des aéronefs.

Des trajectoires qualifiées d'inhabituelles restent toutefois possibles. Elles résultent de circonstances extérieures (météo ou sécurité par exemple). Sur les aéroports wallons, ces trajectoires inhabituelles représentent à peine

2 Le texte entre guillemets est directement tiré du CWATUP.

3 *Standard Instrument Departure.*

4 *Precision Area Navigation.*

5 *Continuous Descent Operation* (Section 7.1).

1 à 2 % du nombre total de trajectoires [Ref. 32]. Via la définition de volumes de contrôle, la SOWAER est en mesure de procéder à la détection automatique de ces trajectoires en utilisant les traces radar.

9.5 MESURES D'ENCADREMENT

9.5.1 *Restrictions*

Des mesures d'encadrement ont été définies pour réduire le bruit à la source. Un premier type de mesures d'encadrement porte sur les heures d'ouverture des aéroports :

- Charleroi : de 6h30 à 23h ;
- Liège : pas de restrictions.

Certaines restrictions sont également définies en termes de quota de bruit par mouvement[6] :

- Charleroi : seules les opérations caractérisées par un quota de bruit inférieur à 5 sont autorisées dans les plages allant de 6h30 à 7h et de 22h à 23h (voir la définition du quota de bruit à la Section 3.15) ;
- Liège : pas de restrictions.

En outre, les atterrissages après 23 heures d'avions basés[7] à Charleroi sont autorisés pour peu que le retard ne soit pas imputable à la compagnie. Ces mouvements doivent toutefois s'inscrire dans le cadre d'un quota de bruit annuel de 225 points par avion basé. On observera qu'à l'inverse de nombreuses plateformes étrangères, le législateur wallon n'a pas fixé une valeur globale maximale pour le quota de bruit associé aux mouvements nocturnes, aucune restriction n'étant appliquée au nombre d'avions basés. L'ACNAW a émis de multiples avis à propos du quota de bruit tel qu'il est d'application à Charleroi [Ref. 35].

Enfin, des limites sont fixées pour le niveau de bruit maximum (exprimé par l'indicateur L_{Amax}) toléré dans chaque zone du PEB durant les périodes de jour et de nuit [Figure 51].

6 Voir la définition du quota de bruit à la Section 3.14.

7 Un avion basé est un « avion qui, de manière habituelle, est programmé pour atterrir à l'aéroport de Charleroi-Bruxelles Sud avant l'heure de fermeture de celui-ci et en repartir le lendemain », Art.1bis du décret du 23 juin 1994 relatif à la création et à l'exploitation des aéroports et aérodromes relevant de la Région wallonne, M.B. du 09/07/2010, p. 45698.

	ZONE B'	ZONE C'	ZONE D'	HORS ZONE
Entre 7 et 23 heures	93 dB(A)	88 dB(A)	83 dB(A)	
Entre 23 et 7 heures	87 dB(A)	82 dB(A)	77 dB(A)	77 dB(A)

Figure 51 — Bruit maximum (exprimé par l'indicateur L_{Amax}) toléré dans chaque zone du PEB durant les périodes de jour et de nuit.

9.5.2 *Sanctions*

Le législateur tolère un certain nombre de dépassements de ces valeurs. Ce nombre est tributaire de l'activité observée sur la plateforme durant les 12 mois précédents (5 % du nombre total des mouvements observés durant cette période) avec une limite quotidienne de dix dépassements. Initialement les dépassements excédant 6 dB(A) devaient faire l'objet d'une sanction administrative. Depuis le 1er janvier 2014, les dépassements de plus de 3 dB(A) devraient être sanctionnés... mais ces sanctions ne sont pas appliquées car l'arrêté « sanctions » du Gouvernement wallon (29 janvier 2004) a fait l'objet d'une requête en annulation devant le Conseil d'État ce qui a suspendu son application. La requête en annulation a finalement été rejetée en décembre 2008 mais, par la suite, les ministres en charge des aéroports wallons n'ont jamais officialisé les sonomètres affectés à ce contrôle. L'ACNAW a formulé, en 2009 et en 2010, des avis portant sur des modifications de l'arrêté « sanctions » et a maintes fois rappelé la nécessité de finaliser ce dossier [Ref. 34].

On observera toutefois que, même en l'absence d'un tel arrêté, le nombre de dépassements sonométriques de plus de 3 dB(A) est limité.

À Charleroi, ces dépassements ont, pour la plupart, lieu entre 6 heures 30 et 7 heures du matin. Cette tranche horaire fait en effet partie de la période de nuit où les limites sont plus sévères.

À Liège, la majorité des dépassements observés sont associés aux mouvements d'appareils relevant de la catégorie « chapitre 3 bruyants ». Le renouvellement continu des flottes conduit à une réduction progressive de ces dépassements.

9.6 MESURES DE CONTRÔLES

PEB et PDLT sont basés sur des prévisions de trafic, sur une flotte estimée, sur des trajectoires théoriques et sur des modèles de sources. Il est donc important de vérifier que ces plans donnent une indication fiable de la nuisance réelle subie. C'est dans ce but qu'un réseau permanent de stations de mesures fixes a été déployé par la SOWAER autour des deux aéroports wallons. Des campagnes systématiques de mesures sonométriques ont également lieu, approximativement tous les cinq ans[8]. Des mesures ponctuelles peuvent être faites à la demande des riverains, en particulier dans le cadre de l'application du principe d'égalité. L'ensemble de ces points de mesure est donné aux Figures 52 et 53.

« Le système DIAPASON (Dispositif d'Information et d'Analyse des Procédures Aéronautiques et SONores) [...] mis en place par la Sowaer [...] permet de visualiser les trajectoires des avions, de les localiser par rapport au PEB et au PDLT et de traiter les différentes mesures des sonomètres pour créer un lien entre l'environnement sonore et les données de vols. Cet outil est essentiel pour le contrôle de la conformité des activités aériennes par rapport aux procédures définies par le Gouvernement wallon en accord avec Belgocontrol[9] et les principales compagnies actives sur les deux aéroports. C'est aussi un précieux outil de dialogue et d'information qui permet à chaque riverain, s'il le souhaite, de s'informer sur un ou plusieurs vols et sur la conformité de ceux-ci aux règles établies[10]. »

8 Les précédentes campagnes ont eu lieu en 2004-2005, 2009-2010 et 2014-2016.

9 « Belgocontrol est l'entreprise publique autonome belge chargée du contrôle du trafic aérien, de la formation des contrôleurs aériens et personnel technique, et de l'installation et de l'entretien de l'infrastructure de navigation aérienne dans la zone dont la Belgique est responsable », Wikipedia.

10 Extrait du site de la SOWAER présentant le système DIAPASON : http://www.sowaer.be/diapason/.

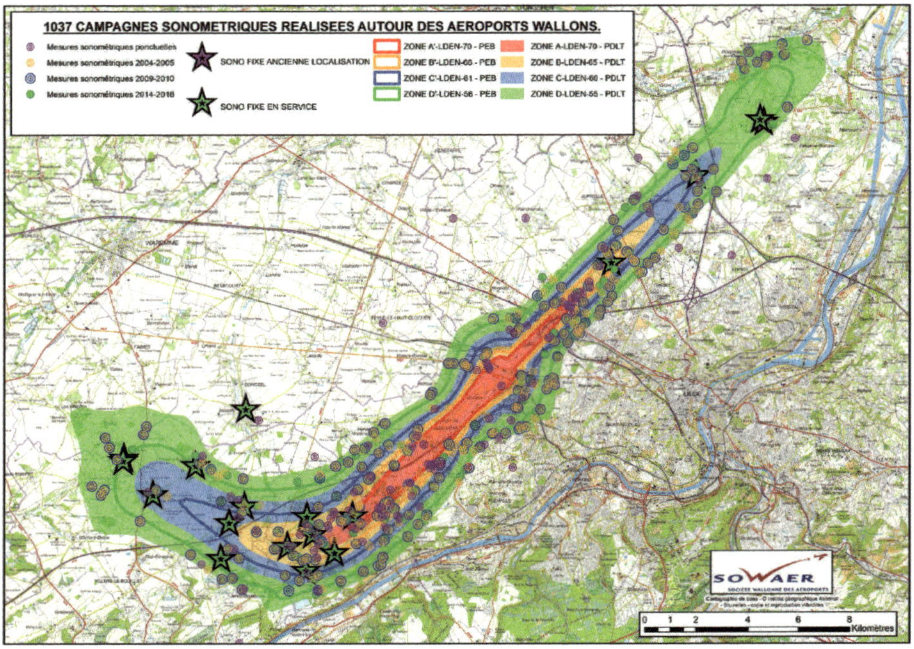

Figure 52 — Campagnes sonométriques autour de l'aéroport de Liège-Bierset. Source : SOWAER.

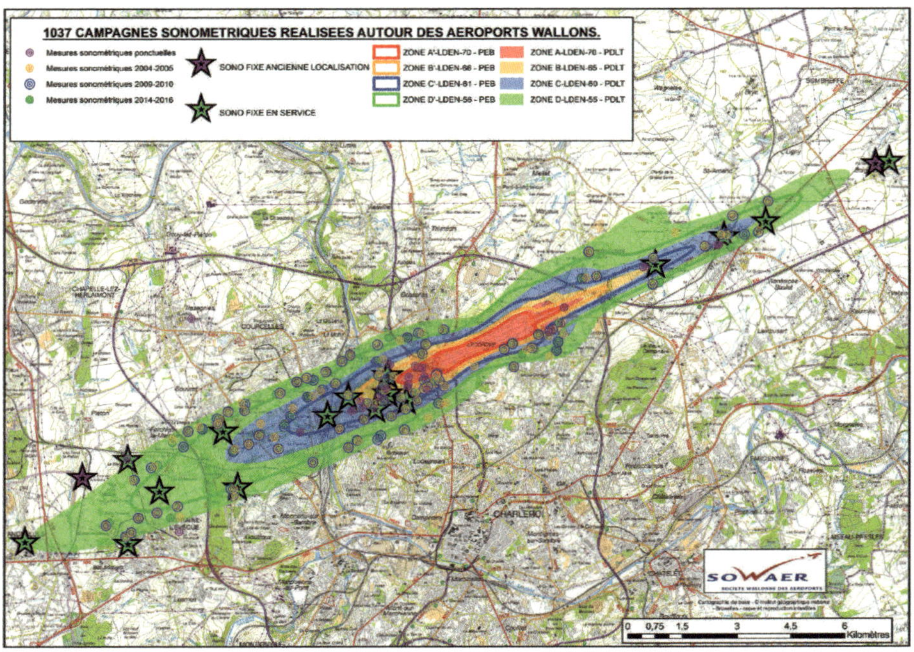

Figure 53 — Campagnes sonométriques autour de l'aéroport de Charleroi-Gosselies. Source : SOWAER.

9.7 AUTORITÉ INDÉPENDANTE (ACNAW)

9.7.1 *Historique*

La création de l'Autorité indépendante de contrôle des nuisances sonores aéroportuaires en Région wallonne (ACNAW) fait partie des mesures prises par le Gouvernement wallon en 2001 afin d'encadrer le développement des deux plateformes wallonnes en veillant, en particulier, à concilier ce développement avec le respect de la qualité de vie des riverains.

La mise en place effective de l'ACNAW s'est opérée en février 2002. La création de cette autorité indépendante s'inspire de l'exemple de l'ACNUSA (Autorité française de Contrôle des Nuisances aéroportuaires) mise sur pied en 1999.

9.7.2 *Missions de l'ACNAW*

Le décret du 8 juin 2001 fixe les missions de l'Autorité. C'est ainsi que l'Autorité est compétente, aux alentours des aéroports wallons, pour :

- formuler des avis ou recommandations sur toute question relative à la mesure du bruit aux abords des aéroports et à la maîtrise des nuisances sonores aéroportuaires et de leur impact sur l'environnement. Elle dispose également d'un pouvoir de recommandation sur la nécessité de réviser les plans d'exposition au bruit ;
- alerter les autorités compétentes lorsqu'elle a connaissance de manquements aux règles fixées pour la maîtrise des nuisances sonores aéroportuaires ;
- dénoncer tout manquement aux restrictions imposées en ce qui concerne l'usage de certains types d'aéronefs ou certaines activités ;
- réaliser ou faire réaliser des expertises en matière de mesure du bruit aux abords des aéroports ;
- à la demande du Gouvernement, émettre un avis sur tout projet de texte réglementaire relatif aux nuisances sonores aéroportuaires, sur les plans d'exposition au bruit, ainsi que toute autre question lui soumise ;
- donner son avis sur toute question relative aux nuisances sonores aéroportuaires que lui soumet tout citoyen ;
- jouer un rôle de médiation en cas de différend relatif aux nuisances sonores aéroportuaires.

9.7.3 *Fonctionnement de l'ACNAW*

L'Autorité est constituée de sept membres choisis pour leurs compétences dans un des domaines suivants : nuisances sonores, aéronautique, acoustique, santé publique, gêne sonore et navigation aérienne. La présidence est assurée par un magistrat. Les mandats d'une durée de 4 ans sont renouvelables.

Le règlement d'ordre intérieur de l'Autorité a été approuvé par le Gouvernement wallon en sa séance du 25 avril 2002.

Le décret du 8 juin 2001 créant l'Autorité prévoit que le secrétariat de celle-ci est exercé par un fonctionnaire désigné au sein des services du Gouvernement wallon. L'Autorité bénéficie également de l'aide d'une cellule administrative et d'un attaché permanent. Les moyens budgétaires alloués à l'ACNAW sont inscrits au budget des dépenses du SPW.

L'Autorité se réunit en réunion plénière une fois par mois. Les dossiers traités par l'Autorité sont examinés en groupes de travail (acoustique, procédures et trajectoires, santé et communication).

L'ACNAW établit et transmet son rapport annuel d'activités au Conseil régional wallon, au Gouvernement et aux comités de concertation pour l'environnement de chaque aéroport. Les avis et rapports de l'Autorité figurent également sur son site internet.

On précisera que l'Autorité ne dispose pas de pouvoir de sanctions et que ses avis ne sont pas contraignants[11]. Par ailleurs, l'Autorité évite systématiquement de traiter toute demande et/ou plainte faisant l'objet d'un recours devant les tribunaux.

9.7.4 *Bilan actuel de l'ACNAW*[12]

La mise en place d'une autorité indépendante de contrôle des nuisances sonores aéroportuaires répond au souci d'encadrer le développement aéroportuaire sous l'angle des nuisances sonores. Le rapide développement des plateformes wallonnes justifie *a posteriori* une telle démarche.

Lors du dixième anniversaire de sa mise en place, l'ACNAW a élaboré un bilan de son activité passée. Elle a également formulé quelques recommandations qui restent d'actualité.

11 À l'inverse de l'ACNUSA, sa consœur française.

12 Ce bilan est basé sur le rapport produit par l'ACNAW à l'occasion de son dixième anniversaire ; les paragraphes entre guillemets en sont directement extraits.

Les sanctions

« Le décret du 8 juin 2001 modifiant l'article 1er bis de la loi du 18 juillet 1973 relative à la lutte contre le bruit est entré en vigueur le 16 juin 2001. Ce décret fixe le fondement général des plans d'exposition au bruit (PEB) et de ses différentes zones. Il fixe par ailleurs des seuils de bruit maxima à ne pas dépasser dans les différentes zones du PEB. La mise en œuvre de cette législation passe par l'installation de réseaux de sonomètres fixes autour de chaque aéroport et par l'instauration d'un régime de sanctions applicables en cas de non-respect de la législation environnementale. Si les réseaux de sonomètres ont effectivement été mis en place, l'Autorité constate toutefois que leur officialisation tarde toujours de sorte qu'aucune sanction ne peut être appliquée aux dépassements sonométriques constatés. Depuis maintenant 10 ans, l'Autorité n'a cessé de réitérer la demande de mise en place effective d'une réelle politique de sanctions. »

Les dépassements sonométriques et les conditions d'exploitation

« Même si aucune sanction n'est appliquée aux dépassements sonométriques, force est de constater que la situation sur le terrain n'est pas hors contrôle. À Charleroi-Bruxelles Sud, les dépassements sonométriques sont principalement observés durant la tranche 6h30-7h et résultent du fait que les niveaux à ne pas dépasser sont relatifs à la période de nuit. La performance acoustique des aéronefs opérant durant cette tranche horaire n'est pas en cause. L'incohérence entre les heures d'ouverture de l'aéroport (6h30-23h) et la période de nuit (23h-7h) constitue, à terme, le principal problème auquel est confronté cet aéroport. À Liège-Bierset, les dépassements sonométriques observés sont dus, à plus de 90 %, à des mouvements de nuit opérés par des aéronefs classés dans la catégorie « Chapitre 3 bruyants ». Une amélioration significative de la situation des riverains pourrait résulter d'une révision des conditions d'exploitation de tels aéronefs (limitation des créneaux horaires par exemple et/ou utilisation d'avions plus performants d'un point de vue acoustique). »

Les chartes du développement durable

« L'augmentation de la capacité environnementale des aéroports wallons (qui pourrait être définie comme la tolérance des riverains vis-à-vis du développement aéroportuaire au sens large) nécessite, à terme, la mise en place de chartes du développement durable associant tous les partenaires (y compris les riverains) autour d'un projet s'inscrivant dans une dynamique positive. L'Autorité a tenté de sensibiliser le Ministre en charge de la gestion aéroportuaire ainsi que la SOWAER à propos de cette nécessité. Le suivi des mesures d'accompagnement déjà en place pourrait parfaitement s'inscrire dans une telle démarche. »

L'utilisation de l'expertise disponible

> « L'Autorité indépendante est un outil en place depuis plus de 10 ans. Elle s'est efforcée, durant cette période, de répondre aux diverses demandes qui lui étaient adressées, tout en jouant de son pouvoir d'alerte ou d'interpellation quand la situation l'exigeait. Elle a, par ailleurs, suscité une réflexion à propos des chartes environnementales. Elle constate toutefois que le recours à son expertise est loin d'être systématique alors que celui-ci figure parmi certaines de ses missions. Une saine gestion des nuisances sonores aéroportuaires commanderait une meilleure utilisation de l'ACNAW dans la gestion amont de multiples dossiers. »

9.8 CONCLUSIONS

Un aéroport génère et génèrera toujours des nuisances sonores. Il revient aux acteurs économiques et politiques, aiguillonnés par la société civile, de définir des modalités réduisant ces nuisances et leurs impacts sur la population. Une bonne politique de gestion des nuisances sonores aéroportuaires nous semble pouvoir être schématisée par cinq critères, les cinq **C** :

- **C**oncentration
  Les vols doivent suivre des trajectoires aussi précises et concentrées que possible ; la dispersion des vols ne peut survenir qu'à une distance et une altitude suffisantes. La concentration des vols réduit la surface au sol exposée à des niveaux élevés et le nombre de riverains exposés. Elle rend possible, d'un point de vue budgétaire, une compensation équitable des personnes lésées.
- **C**ompensation
  Des mécanismes de compensation (rachat d'immeubles, isolation) clairs et équitables doivent être proposés aux riverains. Une procédure d'appel doit être instaurée, permettant à un riverain d'être entendu s'il estime que sa situation personnelle n'est pas correctement prise en compte par le plan d'exposition au bruit.
- **C**ommunication
  Les autorités publiques doivent informer la population de manière transparente et montrer leur préoccupation à l'égard des populations impactées par les nuisances sonores aéroportuaires. Des outils de communication entre les riverains et les autorités doivent aussi être mis en place. Ils doivent être à double sens : des autorités vers les riverains mais aussi des riverains vers les instances compétentes.

– **C**ontrôle et sanction
  Toute la politique mise en place est basée sur des hypothèses (trajectoires, horaires, flottes, avions). Il faut, de manière constante, s'assurer que les opérateurs respectent les règles et que la pratique est conforme aux hypothèses envisagées. Des sanctions financières dissuasives doivent être mises en place pour encourager un comportement responsable des compagnies et des pilotes.
– **C**ontinuité
  Un aéroport est une infrastructure lourde, à longue durée de vie. Les riverains sont par ailleurs attachés à leurs lieux de vie et y restent souvent plusieurs décennies. Il faut donc que la politique en matière de nuisance soit stable dans le temps afin de permettre à chacun de prendre ses décisions en connaissance de cause.

Les aéroports wallons sont, au regard de ces cinq critères, relativement exemplaires. Même si l'arrêté sanctions n'est toujours pas appliqué et si les restrictions d'exploitation sont peu nombreuses ou peu contraignantes, les nuisances ont pu être contenues grâce à un important programme d'accompagnement (achat et isolation).

Nous allons maintenant voir que, malheureusement, l'aéroport de Bruxelles-National ne répond à aucun des cinq critères présentés ci-dessus.

CHAPITRE 10

L'AÉROPORT DE BRUXELLES-NATIONAL

10.1 PRÉSENTATION GÉNÉRALE

La situation de l'aéroport de Zaventem est, à de nombreux égards, plus complexe que celle des aéroports de Charleroi ou Bierset :

- le trafic y est dense : 23,4 millions de passagers, 489 000 tonnes de fret, plus de 240 000 mouvements en 2015 ;
- l'aéroport comporte trois pistes [Figure 54] : 25R/07L, 01/19 et 25L/07R[1] ;
- les vents dominants (sud-ouest) et l'inexistence d'un taxiway sur toute la longueur de la piste 25L conduisent à une utilisation préférentielle de la piste 25R pour les décollages qui se font donc en direction de la ville ;
- l'aéroport est situé dans une zone périurbaine densément peuplée ;
- d'un point de vue politique, l'aéroport est situé en Région flamande tout en jouxtant le territoire de la Région de Bruxelles-Capitale et, vu son caractère national, il relève aussi, à plusieurs égards, de l'État fédéral.

[1] Une piste est désignée par son azimut magnétique exprimé en dizaines de degrés. Comme une piste peut généralement être utilisée dans les deux sens, on la désigne par deux numéros qui diffèrent de 18 (180°) : 25 - 18 = 07, 01 + 18 = 19.

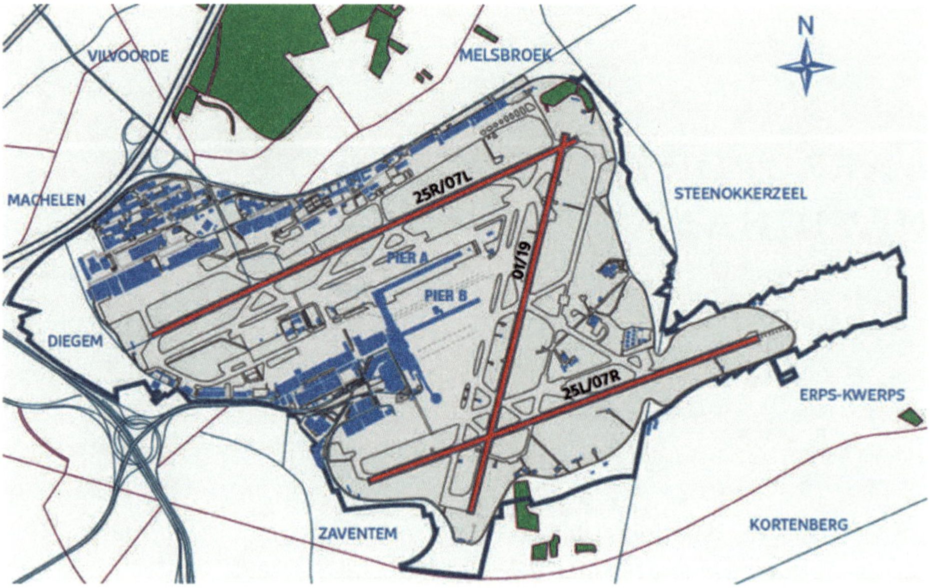

Figure 54 — Les pistes de l'aéroport de Bruxelles-National. Source : Brussels Airport.

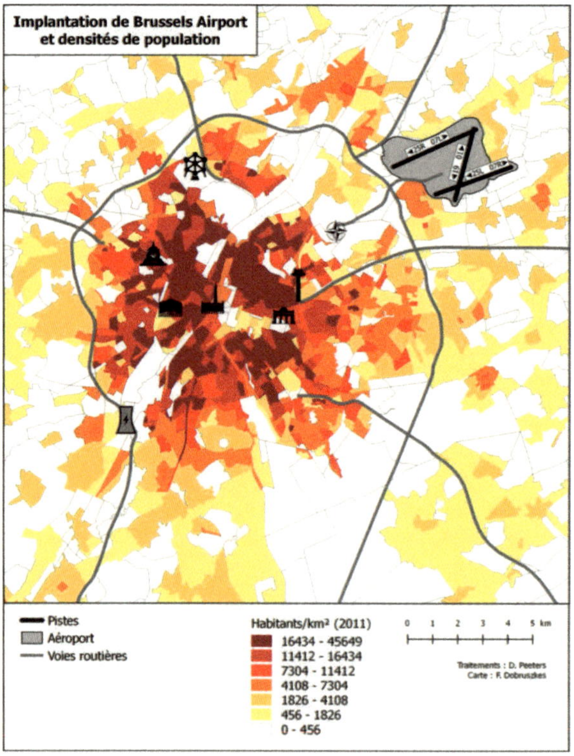

Figure 55 — Localisation de l'aéroport de Bruxelles-National [Ref. 23].

10.2 DIFFÉRENTS NIVEAUX DE POUVOIR

Via une délégation de pouvoirs aux communautés et régions, la loi spéciale du 8 août 1980 relative à la réforme des institutions a conduit à une répartition complexe des pouvoirs spécifiques entre l'État fédéral et les Régions.

10.2.1 *Responsabilités fédérales*

L'État fédéral est responsable de l'équipement et de l'exploitation de l'aéroport de Bruxelles-National. Il est également responsable de la réglementation et de la gestion de l'espace aérien. Il peut, à ce titre, fixer des restrictions d'exploitation à l'aéroport de Bruxelles-National et opérer la coordination des créneaux horaires. Cette base légale a permis d'organiser la transposition en droit belge de la Directive européenne 2002/30/CE relative aux restrictions d'exploitation liées au bruit pour ce qui concerne l'aéroport de Bruxelles-National.

L'exécution des missions de service public est réglementée par le contrat de gestion liant l'État fédéral à *Belgocontrol* et par la licence d'exploitation concédée à *Brussels Airport Company* (ci-après dénommée BAC).

La gestion du fonctionnement de l'aéroport et l'exploitation des installations aéroportuaires ont été confiées par le Gouvernement fédéral à l'entreprise publique autonome BIAC NV, créée par l'arrêté royal du 25 août 1998 en tant que société anonyme de droit public et convertie par l'arrêté royal du 27 mai 2004 en une société anonyme de droit privé.

La licence d'exploitation a été accordée en vertu de l'arrêté royal du 21 juin 2004 et a été renouvelée par l'arrêté royal du 7 mai 2013. En 2006, la société a été rebaptisée *The Brussels Airport Company* (TBAC) avec le nom de marque *Brussels Airport*. Suite à l'acquisition de *The Brussels Airport Company* (TBAC) par *Brussels Airport Holding NV*, le nom de la nouvelle société est devenu *Brussels Airport Company* (BAC) en juillet 2013.

10.2.2 *Responsabilités régionales*

Les régions fixent leur politique environnementale de manière autonome. C'est ainsi que la Région de Bruxelles-Capitale a fixé ses propres normes de bruit aéroportuaire. Celles-ci font référence à trois zones (0, 1 et 2) et fixent des valeurs de bruit à ne pas dépasser (de jour, de nuit). Les dépassements peuvent donner lieu à des procès-verbaux et à des amendes. Ces dispositions sont détaillées dans la Section 10.4.

Dans le même temps, la Région flamande sur laquelle est situé l'aéroport impose un certain nombre d'obligations à l'exploitant de l'aéroport via le permis d'environnement et a adopté son propre plan d'action (dans le cadre de la directive européenne 2002/49/CE) afin de limiter les nuisances générées par l'activité aéroportuaire. Ce plan est détaillé dans la Section 10.5.

On remarquera toutefois que la Région flamande n'a, jusqu'à présent, pas fixé de normes de bruit contraignantes en ce qui concerne l'activité aéroportuaire.

10.3 RESTRICTIONS D'EXPLOITATION

Les restrictions d'exploitation relatives à l'aéroport de Bruxelles-National se déclinent sous différentes formes (limitations du nombre de mouvements nocturnes, quotas de bruit saisonniers, quota de bruit par mouvement, périodes sans décollages). Ces diverses restrictions ont évolué au fil du temps et sont décrites dans les sections suivantes.

10.3.1 *Limitation du nombre de mouvements nocturnes*

Les permis d'environnement liés à l'exploitation de l'aéroport ont conduit à des réductions successives du nombre maximum de mouvements de nuit (soit entre 23 heures et 5 heures 59) :

- permis d'environnement 2000 : 25 000 vols/an ;
- permis d'environnement 2004 : même nombre maximum de vols par an (25 000) mais avec un maximum de 10 000 décollages.

Ce seuil de 25 000 mouvements a été atteint, et même dépassé, en 2007. Confronté aux contestations des riverains et à des négociations difficiles avec les Régions, l'État fédéral a refusé d'autoriser une augmentation du nombre maximum de mouvements de nuit. Il en a résulté une délocalisation partielle des activités de la société DHL à Leipzig en mars 2008 et une importante réduction du trafic nocturne : 17 893 mouvements en 2008 et 13 233 mouvements en 2009.

Au début de l'année 2009, un amendement de l'arrêté ministériel du 3 mai 2004 a fixé la limite annuelle des mouvements nocturnes à 16 000 mouvements, dont 5 000 décollages maximum. Depuis 2009, le trafic nocturne connaît à nouveau une certaine croissance et se rapproche des valeurs limites imposées.

10.3.2 *Quotas globaux de bruit saisonniers*

Le quota global de bruit saisonnier fixe, pour chaque saison IATA[2], un nombre maximum de points alloué aux mouvements nocturnes. Chaque mouvement nocturne consomme un nombre de points calculé sur base des niveaux EPNdB correspondant à la certification acoustique de l'aéronef utilisé. Les quotas globaux saisonniers ont évolué à la baisse depuis leur mise en place au début des années 2000. À l'heure actuelle, les quotas globaux saisonniers sont de :

- 33 600 points pour la saison d'hiver IATA (21 semaines) ;
- 49 000 points pour la saison d'été IATA (31 semaines).

La limitation du nombre de mouvements nocturnes et les restrictions relatives au quota maximum par mouvement (voir la section suivante) font que cette mesure n'est, à l'heure actuelle, pas critique : les quotas saisonniers réels sont toujours inférieurs aux quotas saisonniers autorisés.

10.3.3 *Quota de bruit par mouvement*

Le quota de bruit maximum par mouvement (décollage ou atterrissage) fixe une borne au quota de bruit par mouvement. Ce dernier est calculé sur base des niveaux EPNdB correspondant à la certification acoustique de l'aéronef utilisé.

Le quota de bruit maximum pour les mouvements nocturnes (23 heures – 5 heures 59) était fixé à 20 en juillet 2001. Des réductions successives (16 en 2002 puis 12 en 2003) ont conduit à la valeur actuelle (8 depuis la fin 2009). Pour les autres périodes de la journée (6 heures – 6 heures 59, 7 heures – 20 heures 59 et 21 heures – 22 heures 59), d'autres limites ont été adoptées pour le quota de bruit par mouvement.

Ces mesures ont pour effet de restreindre l'utilisation des aéronefs les plus bruyants (DC10 ou B747 par exemple).

10.3.4 *Périodes sans décollage (couvre-feux)*

Depuis le printemps 2009, aucun décollage n'est autorisé durant la nuit du vendredi au samedi (entre 1 heure et 6 heures du matin) ainsi que durant les nuits du samedi au dimanche et du dimanche au lundi (entre minuit et 5 heures 59).

[2] L'IATA définit une saison d'été et d'hiver avec des dates de début et de fin bien précises.

10.4 RÉGLEMENTATION APPLIQUÉE PAR LA RÉGION DE BRUXELLES-CAPITALE

10.4.1 *Législation applicable*

Les limites de bruit sont fixées par l'arrêté du Gouvernement de la Région de Bruxelles-Capitale (AGRBC) relatif à la lutte contre le bruit des avions, adopté le 27 mai 1999 et entré en vigueur le 1er janvier 2000. Cet arrêté définit 3 zones (zone 0, 1 et 2) représentées à la Figure 56. Ces zones concentriques sont délimitées par des arcs de cercle de 10 et 12 km centrés sur une balise située dans l'axe de la piste 25L/07R au nord-est de l'aéroport. Deux types d'indicateurs sont retenus dans l'arrêté :

- le L_{evt} est un indicateur évènementiel lié à un survol donné et mesuré en SEL (niveau d'exposition au bruit, voir la Section 3.5) ;
- le L_{Sp} est un indicateur intégré défini comme le $L_{Aeq,T}$ (voir Section 3.4) pour la période de jour (T = période[7h, 22h59]) et la période de nuit (T = période[23h-6h59])[3].

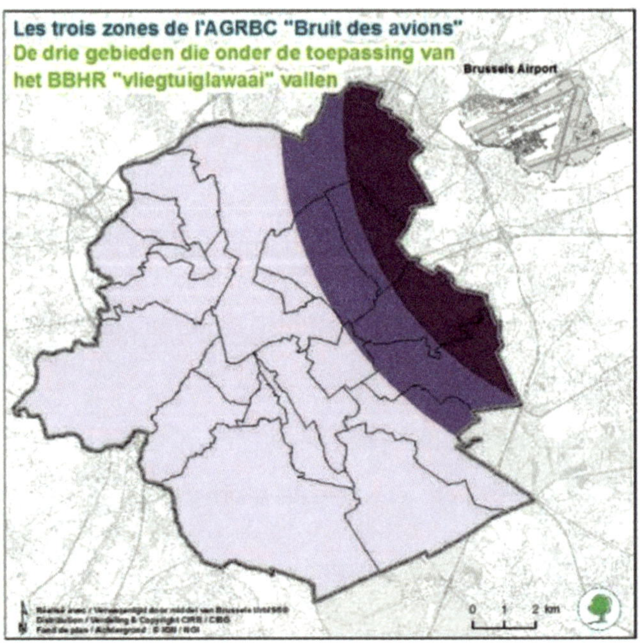

Figure 56 — Zones 0, 1 et 2 reprises dans l'AGRBC du 27 mai 1999 (source : IBGE).

[3] La période de soirée est donc intégrée dans la période de jour. Si l'indicateur pour la période de nuit s'identifie bien à l'indicateur L_{night}, on ne peut donc pas assimiler l'indicateur de jour avec l'indicateur L_{day}.

	ÉVÈNEMENTIEL : L_{evt}		INTÉGRÉ : L_{Sp}	
	JOUR	NUIT	JOUR	NUIT
	07-23H	23-07H	07-23H	23-07H
Zone 0	80 dB(A)	70 dB(A)	55 dB(A)	45 dB(A)
Zone 1	90 dB(A)	80 dB(A)	60 dB(A)	50 dB(A)
Zone 2	100 dB(A)	90 dB(A)	65 dB(A)	55 dB(A)

Figure 57 — Valeurs limites des indicateurs évènementiel et intégré définies dans l'AGRBC du 27 mai 1999.

L'arrêté prévoit que le bruit lié au survol du territoire de la Région par un avion ne peut pas dépasser les valeurs limites reprises dans le tableau de la Figure 57.

Depuis février 2000, la Région de Bruxelles-Capitale applique une tolérance de 9 dB(A) le jour et de 6 dB(A) la nuit sur les valeurs limites de l'indicateur évènementiel. Un dépassement de la valeur limite inférieur à 9 dB(A) le jour et à 6 dB(A) la nuit donne lieu à un avertissement. Si le dépassement excède 9 dB(A) le jour ou 6 dB(A) la nuit, il fait l'objet d'un procès-verbal. La ministre régionale bruxelloise Céline Frémault a décidé de supprimer cette tolérance à partir du 1er janvier 2017. L'activation, par la Région flamande, d'une procédure en conflit d'intérêt bloque, pour l'instant, la mise en œuvre de cette décision.

10.4.2 *Commentaire*

La réglementation bruxelloise fait usage des indicateurs L_{evt} et L_{Sp} ce qui rend difficile la comparaison des niveaux limites avec les niveaux L_{Amax} et L_{den} sélectionnés par la Région wallonne dans les diverses zones des PEB wallons.

Le commentaire principal concerne toutefois le mode d'élaboration du découpage en zones appliqué par la Région de Bruxelles-Capitale : les zones 0, 1 et 2 sont définies sans référence au plan d'exposition au bruit de l'aéroport. La délimitation des zones bruxelloises par des arcs de cercle concentriques donne l'illusion que, vu de Bruxelles, l'activité aéroportuaire de Brussels

Airport se réduit à une source ponctuelle unique et omnidirectionnelle. *Le plan bruxellois ne tient donc pas compte du scenario d'exploitation de l'aéroport.*

Cette incohérence apparaît notamment dans un document de l'IBGE indiquant l'ampleur des dépassements observés durant la période de nuit dans les zones 0, 1 et 2 [Figure 58]. On voit clairement que les dépassements significatifs correspondent aux lobes du plan d'exposition au bruit de l'aéroport.

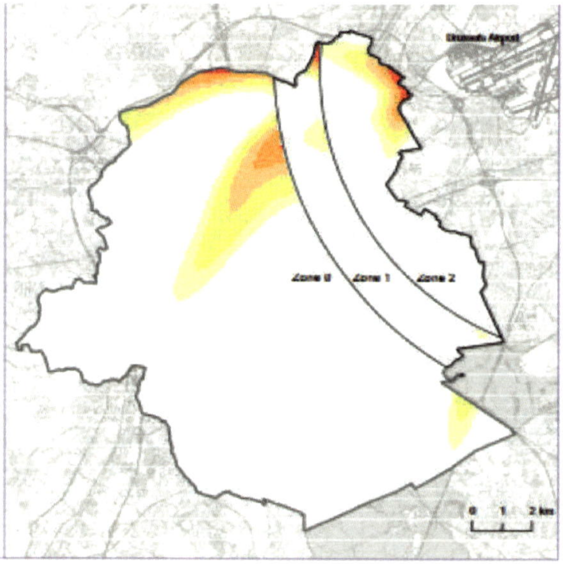

Figure 58 — Cartographie du dépassement des valeurs seuils pendant la période de nuit en 2006 [Ref. 30].

On peut tenter de comparer les zones 0, 1 et 2 de la région bruxelloise avec les zones définies dans les PEB wallons en se basant sur le PEB 2015 de l'aéroport de Bruxelles tel que produit par l'université de Gand ; il apparaît alors que[4] :

- la zone 0 correspond à des valeurs L_{den} < 55 dB(A), ce qui la placerait en zone HZ (« hors-zone ») dans les PEB wallons ;
- une partie de la zone 1 correspond à des valeurs L_{den} < 60 dB(A), ce qui la placerait en zone D' dans les PEB wallons ;
- une partie de la zone 2 correspond à des valeurs L_{den} > 60 dB(A), ce qui la placerait en zone C' dans les PEB wallons.

Si on examine les valeurs limites de l'indicateur évènementiel L_{evt} pour les zones 0, 1 et 2, on constate qu'elles correspondent plus ou moins (après

4 Chaque zone étant caractérisée par des niveaux L_{den} très variables, la comparaison porte exclusivement sur la partie la plus exposée de chaque zone.

conversion des valeurs SEL en valeurs L_{Amax}) aux valeurs limites des zones HZ, D' et C' des aéroports wallons durant la période de jour. Par contre, les valeurs limites de nuit sont plus sévères à Bruxelles.

10.5 RÉGLEMENTATION APPLIQUÉE EN RÉGION FLAMANDE

Les évaluations des contours de bruit relatifs à l'impact sonore provoqués par les mouvements au départ ou à destination de Brussels Airport sont menées pour le compte de l'exploitant de l'aéroport (Brussels Airport Company) dans le cadre de la législation flamande sur l'environnement (VLAREM : *Vlaams Reglement betreffende de Milieuvergunning*) et le permis d'environnement de l'exploitant.

Les contours de bruit sont relatifs à l'indicateur L_{den}. La législation VLAREM impose en outre le calcul séparé des indicateurs L_{day}, $L_{evening}$ et L_{night}. Le permis d'environnement impose également l'évaluation des contours de bruit relatifs aux indicateurs L_{den} et L_{night} mais aussi les contours associés aux fréquences de dépassements des niveaux L_{Amax} = 60 et 70 dB(A). Ces contours de bruit ont été calculés par le *Laboratorium voor Akoestiek en Thermische Fysica* de la KUL de 1996 à 2014, puis par le groupe WAVES de l'université de Gand depuis 2015. À titre d'exemple, la Figure 59 illustre la carte stratégique des niveaux de bruit L_{den} de l'aéroport élaborée sur base des données d'exploitation 2011.

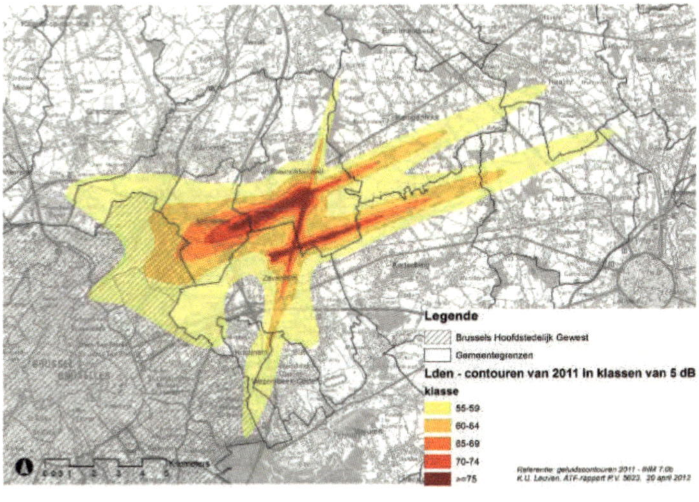

Figure 59 — Carte stratégique des niveaux de bruit L_{den} de l'aéroport de Bruxelles sur base des données d'exploitation 2011 [Ref. 27].

Un projet de plan d'action, comprenant en particulier des mesures en faveur des riverains de l'aéroport situés en Région flamande, a été publié en 2011 [Ref. 26]. Une mise à jour de ce plan a été récemment adoptée par le parlement flamand [Ref. 27]. Il s'articule autour d'un plan d'exposition au bruit élaboré de manière conventionnelle. Un découpage en 4 zones (A, B, C et D) est proposé :

- la zone A est définie par une valeur $L_{den} > 70$ dB(A) ;
- la zone B correspond à 65 dB(A) $< L_{den} \leq 70$ dB(A) ;
- la zone C correspond à 60 dB(A) $< L_{den} \leq 65$ dB(A) ;
- la zone D correspond à 55 dB(A) $< L_{den} \leq 60$ dB(A).

Une carte basée sur l'indicateur L_{night} est également élaborée. Cette dernière carte supporte l'évaluation du nombre de personnes fortement gênées via les relations proposées par Miedema ([Ref. 7], voir Section 6.3). Sur cette base, le rapport préconise la mise en œuvre de moyens destinés à traiter prioritairement les riverains soumis à un niveau $L_{den} > 65$ dB(A) et un niveau $L_{night} > 55$ dB(A). Cette zone prioritaire (*kerngebied*) est représentée à la Figure 60.

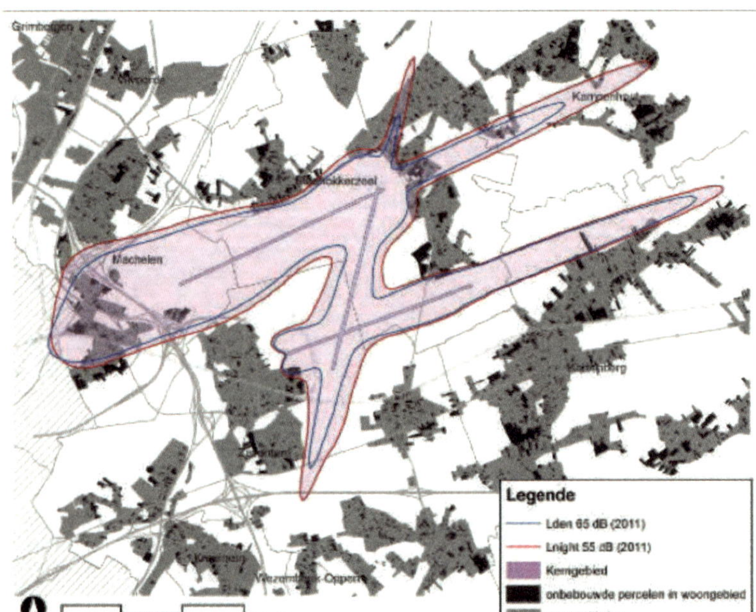

Figure 60 — Carte localisant la zone principale (*kerngebied*) qui devrait bénéficier d'un traitement prioritaire en Région flamande [Ref. 27].

En croisant ce type de carte avec les données démographiques, il est possible d'évaluer le nombre d'habitants pour chaque zone de bruit associée à l'indicateur L_{night}. À titre d'exemple, la Figure 61 identifie, sur base des données démographiques 2011 et des niveaux L_{night} calculés pour l'année 2015, le nombre d'habitants de chaque commune situés dans les zones 45-50, 50-55, 55-60, 65-70 et > 70. Les 9 000 habitants soumis à des niveaux L_{night} supérieurs à 55 dB(A) devraient, si on se réfère au plan d'action et aux recommandations de l'OMS, bénéficier d'un traitement prioritaire.

Le rapport recommande également de considérer que la zone A est inhabitable et que la construction de nouveaux immeubles devrait être sévèrement

Commune	45-50	50-55	55-60	60-65	65-70	>70	Total
Bruxelles	21.183	4.338	202	0	0	0	25.723
Zaventem	12.799	9.840	929	33	0	0	23.601
Evere	18.115	0	0	0	0	0	18.115
Grimbergen	15.416	0	0	0	0	0	15.416
Vilvorde	13.744	87	0	0	0	0	13.832
Machelen	3.307	5.125	4.649	229	0	0	13.310
Schaerbeek	11.126	0	0	0	0	0	11.126
Steenokkerzeel	2.671	4.704	1.798	355	159	2	9.689
Kampenhout	3.571	1.662	583	140	0	0	5.956
Wezembeek-Oppem	5.664	154	0	0	0	0	5.818
Kraainem	4.474	81	0	0	0	0	4.555
Woluwé-Saint-Pierre	3.630	0	0	0	0	0	3.630
Tervueren	3.133	0	0	0	0	0	3.133
Kortenberg	2.123	862	76	6	0	0	3.067
Haacht	2.573	71	0	0	0	0	2.644
Herent	1.586	31	0	0	0	0	1.617
Rotselaar	237	0	0	0	0	0	237
Zemst	48	0	0	0	0	0	48
Woluwé-Saint-Lambert	6	0	0	0	0	0	6
Boortmeerbeek	1	0	0	0	0	0	1
Région Flamande	71.347	22.617	8.036	762	159	2	102.923
Région Bruxelloise	54.060	4.338	202	0	0	0	58.601
Total	**125.407**	**26.955**	**8.237**	**763**	**159**	**2**	**161.524**

Figure 61 — Tableau indiquant le nombre d'habitants des communes riveraines de l'aéroport subissant un niveau L_{night} supérieur à 45 dB(A) (données d'exploitation 2015, données démographiques 2011, [Ref. 27]).

contrôlée en zone B. Le plan d'action vise également à fixer des normes plus précises en matière d'isolation des habitations exposées au bruit aéroportuaire et à mieux contrôler le bruit à la source, via l'installation de sonomètres et de contraintes particulières.

La Région flamande ne formule pas de plan à long terme correspondant à une exploitation maximale de la plateforme. Un tel plan permettrait pourtant d'adopter des mesures appropriées en matière d'aménagement du territoire (définition de zones non habitables en particulier).

10.6 SERVICE DE MÉDIATION

Un « Service de Médiation pour l'aéroport de Bruxelles-National » a été mis en place en 2001, dans le but de « développer, au profit des riverains, des administrations communales et des compagnies aériennes, un dispositif indépendant permettant :

- de contrôler et de suivre les trajectoires des avions et l'évolution des nuisances sonores générées ;
- d'informer les citoyens en la matière ;
- de traiter leurs plaintes et doléances.

Ses missions sont de :

- recueillir et traiter les plaintes et suggestions des riverains sur l'utilisation de l'aéroport de Bruxelles-National ;
- recueillir et diffuser les informations relatives aux trajectoires suivies et aux nuisances occasionnées par les avions utilisant l'aéroport de Bruxelles-National en fonction des plaintes reçues ;
- collecter, enregistrer et analyser tous les renseignements pertinents pour traiter et déterminer les causes des plaintes des riverains de l'aéroport ;
- tenir à jour la documentation relative aux nuisances sonores et aux trajectoires des aéronefs à l'aéroport de Bruxelles-National ;
- faciliter la médiation entre toutes les parties concernées par les activités de l'aéroport de Bruxelles-National ;
- fournir un support logistique et administratif au Forum de concertation qui doit réunir périodiquement les diverses parties concernées par les nuisances engendrées par les survols d'avions (Régions, Provinces, Communes, opérateurs, associations de riverains)[5] ».

[5] Le texte entre guillemets est directement repris du site du service de médiation : www.airportmediation.be.

Le service a été confronté, depuis sa création, à un nombre croissant de plaintes atteignant le record de 3 666 296 plaintes en 2010 [Ref. 31]. Le nombre de plaintes est redescendu à 7 936 en 2011 après l'introduction d'une procédure plus stricte visant à éviter les plaintes abusives. Dès 2014, suite à l'introduction du Plan Wathelet, le nombre de plaintes grimpait de nouveau en flèche à 89 275 puis à 107 892 plaintes (2014 et 2015).

Ce nombre de plaintes, s'il ne constitue pas, en soi, une mesure de la nuisance subie, témoigne par contre du degré d'irritation de la population bruxelloise à l'égard des nuisances sonores.

10.7 NUISANCE SONORE TOTALE

Ce livre se focalise sur les nuisances sonores aéroportuaires ; il ne faut toutefois pas oublier que d'autres sources de bruit contribuent aux nuisances sonores en zone urbaine. La carte de la Figure 62 indique les niveaux cumulés L_{den}, toutes sources confondues (air, route, train). Cette carte démontre à suffisance qu'à de nombreux endroits, en particulier au voisinage des principaux axes de circulation, la source principale n'est pas constituée par le bruit des avions.

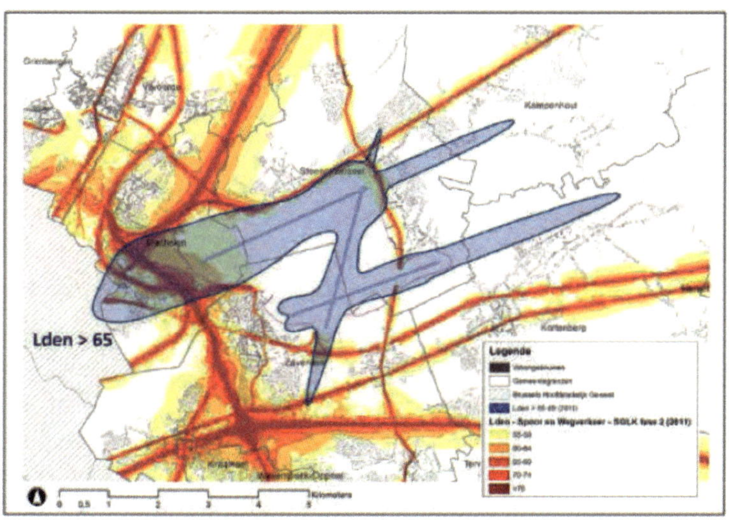

Figure 62 — Le bruit aéronautique n'est qu'une composante du bruit subi par les citadins. La carte [Ref. 27] indique les niveaux cumulés L_{den}, toutes sources confondues (air, route, train).

10.8 HISTORIQUE DES PLANS SUCCESSIFS

La situation de l'aéroport de Bruxelles-National en matière de nuisances sonores est marquée par des changements constants. Nous présentons ici, de manière succincte, l'histoire des plans successifs. L'étude de l'IGEAT déjà citée présente ces changements de manière beaucoup plus documentée et détaillée [Ref. 24].

10.8.1 *La dispersion : une fausse bonne idée*

Un extrait du *Vif*[6] résume bien les péripéties d'avant 2004 :

> « Après une décennie au moins d'inaction des autorités fédérales, la ministre Durant avait décidé, fin 1999, de prendre des mesures face à l'extraordinaire développement de Bruxelles-National, aéroport ultrasensible, car collé à la capitale. En février 2000, un accord global destiné à éliminer les avions les plus bruyants était arraché au forceps. Deux ans plus tard, le principe de la concentration des vols au-dessus de zones de la périphérie Nord moins densément peuplées que l'agglomération bruxelloise était adopté. Cet accord, ratifié par le pouvoir fédéral, la Flandre et Bruxelles, devait permettre de diminuer de moitié le nombre de victimes des nuisances sonores et comportait un programme d'isolation acoustique dans les quartiers du Noordrand encore survolés[7].
>
> Cette logique de concentration va toutefois voler en éclats sous l'effet du lobbying intense d'un groupe de pression de la périphérie Nord, Daedalus, noyauté par le Vlaams Blok et le CD&V. Plusieurs personnalités politiques flamandes soutiennent la cause du Noordrand. Le 24 janvier 2003, le Premier ministre, s'inquiétant du score du VLD aux législatives de mai 2003, impose alors, avec l'aval de Louis Michel (MR), un saupoudrage des nuisances sur Bruxelles et la périphérie. »

Isabelle Durant démissionne du gouvernement en mai 2003 et son successeur, au ministère fédéral de la Mobilité, le SP.A-Spirit Bert Anciaux, impose, en janvier 2004, une politique de dispersion des vols.L'idée peut sembler de bon sens : il est injuste, disent ses promoteurs, qu'une fraction des riverains subisse toutes les nuisances, il vaut mieux, argumentent-ils, que chacun supporte sa juste part. La dispersion semble démocratique, équitable, juste... mais le raisonnement ignore l'arithmétique particulière de la gêne marginale liée à un survol bruyant supplémentaire :

6 Rogeau O., in *Le Vif*, janvier 2004.

7 On retrouve ici deux des cinq « C » présentés plus haut : concentration et compensation.

- cette gêne marginale est asymétrique (elle s'accroît plus lorsqu'on ajoute un vol qu'elle ne décroît lorsqu'on supprime un vol) ;
- elle est aussi décroissante avec le nombre de survols (passer de zéro à un survol quotidien engendre une gêne supplémentaire qui est bien plus grande que celle associée au passage de 10 à 11 survols quotidiens).

La dispersion des vols a donc :
- réduit faiblement la nuisance subie par les populations qui étaient fortement exposées au bruit ;
- accru considérablement la nuisance des populations qui n'étaient pas, ou très peu, exposées au bruit.

La dispersion n'a, en outre, aucun sens si elle néglige la densité des populations survolées et ne se préoccupe que du nombre de vols au-dessus d'une zone donnée.

10.8.2 Plan Wathelet

Un nouveau plan est mis en place en février 2014. Il fait immédiatement l'objet d'une contestation citoyenne intense et les fameuses affiches [Figure 63] fleurissent aux fenêtres des habitations bruxelloises. Un rapport de l'Institut de Gestion de l'Environnement et d'Aménagement du Territoire (IGEAT) de l'ULB ([6]) réalisé dès mai 2014 à la demande du SPF Mobilité, donne toutes les clés pour comprendre la colère des citoyens.

Figure 63 — Les petites affiches jaunes contre le plan Wathelet.

On voit nettement à la Figure 64 que le plan déplace les vols de la périphérie est (dénommée « Oostrand » et constituée des communes de Wezembeek, Kraainem et Woluwe) vers des communes de l'intérieur de Bruxelles (Schaerbeek, Etterbeek, Watermael-Boitsfort, Auderghem). La route du canal est également densifiée. L'axe des principales trajectoires traverse en outre des zones plus peuplées [Figure 65] et à plus faibles revenus [Figure 38].

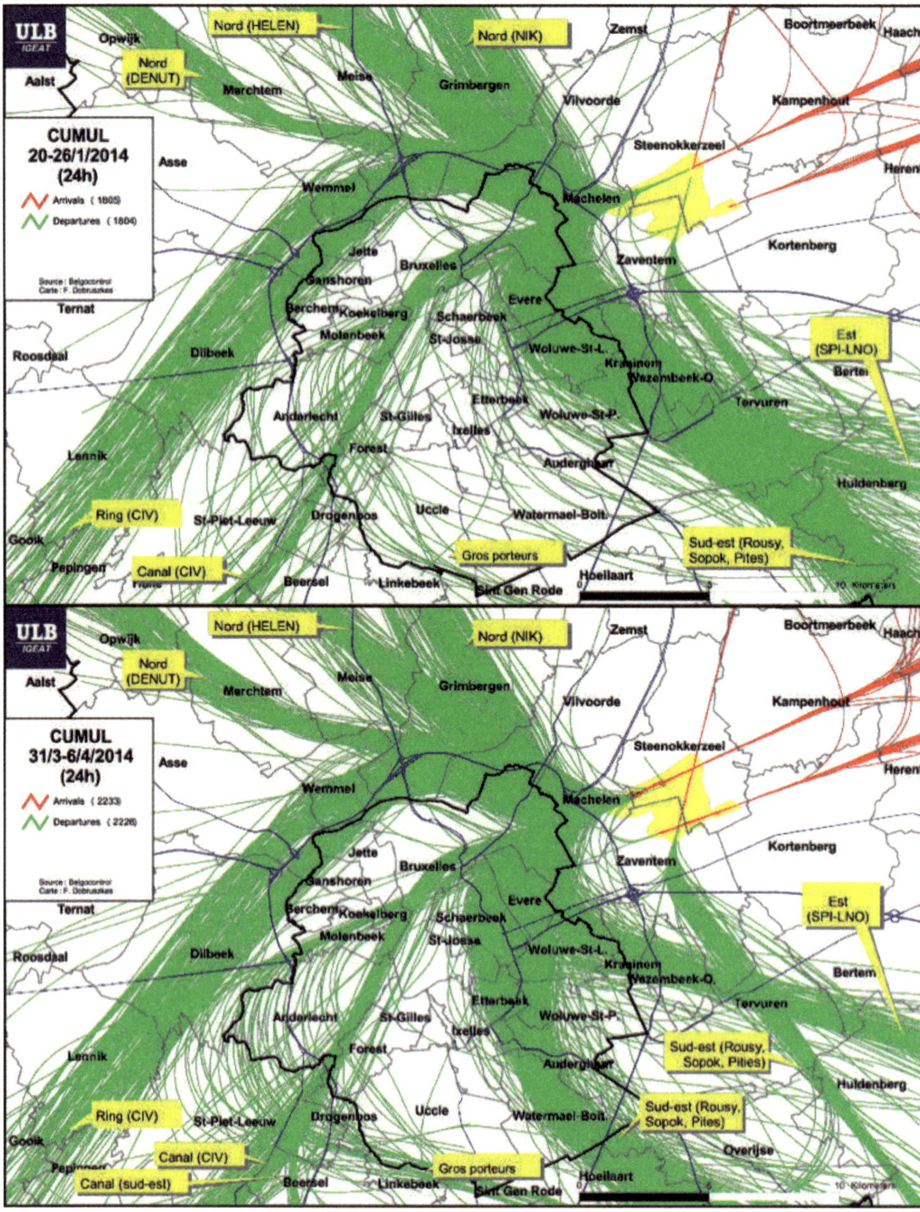

Figure 64 — Trajectoires des vols au cours d'une semaine type avant (20 au 26 janvier 2014) et après (31 mars au 6 avril 2014) l'entrée en vigueur du plan Wathelet. La différence la plus visible porte sur les routes orientées au sud-est ([6]).

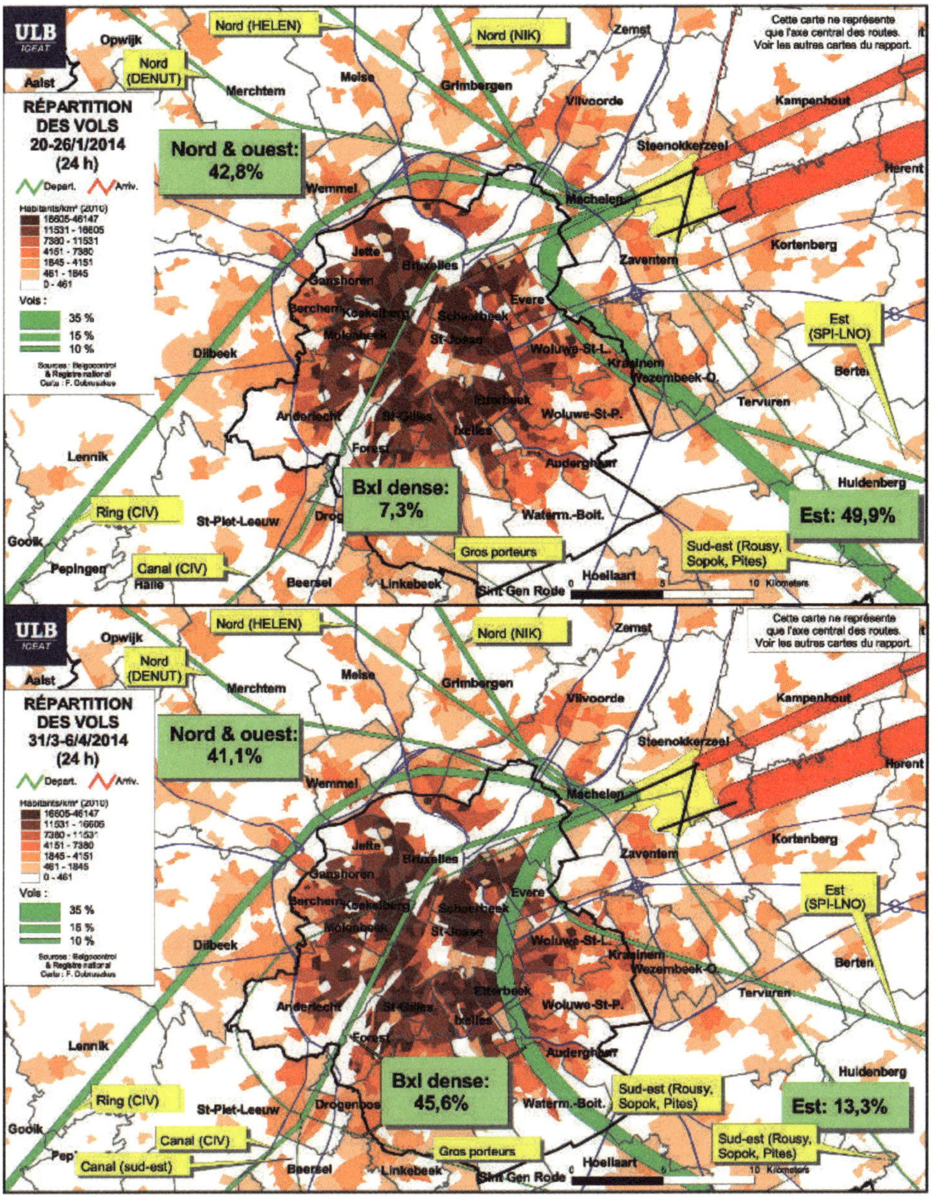

Figure 65 — Axe des trajectoires superposées à une carte montrant la densité de population des zones survolées. Il est évident que la population affectée est nettement plus élevée après la mise en place du plan Wathelet ([6]).

10.8.3 *Guerre des données*

Comment en est-on arrivé là ? Il est troublant de constater que la décision d'entériner le plan Wathelet a peut-être été prise sur base de données erronées, présentées en inter-cabinet par Belgocontrol [Figure 66].

Mais la guerre des données fait rage sur tous les fronts. Pour souligner, si besoin en était, la nuisance subie par les Bruxellois, la ministre bruxelloise de l'Environnement, Evelyne Huytebroeck, publie la carte qu'on voit à gauche de la Figure 67. La réalité, représentée par la carte de droite de la même figure, diffère considérablement. La carte de gauche a été dressée par l'IBGE sur base des données fournies par Belgocontrol qui sont limitées aux altitudes inférieures à 5 000 pieds (1 333 mètres) et sont (erronément) prolongées de manière rectiligne au-delà de cette altitude.

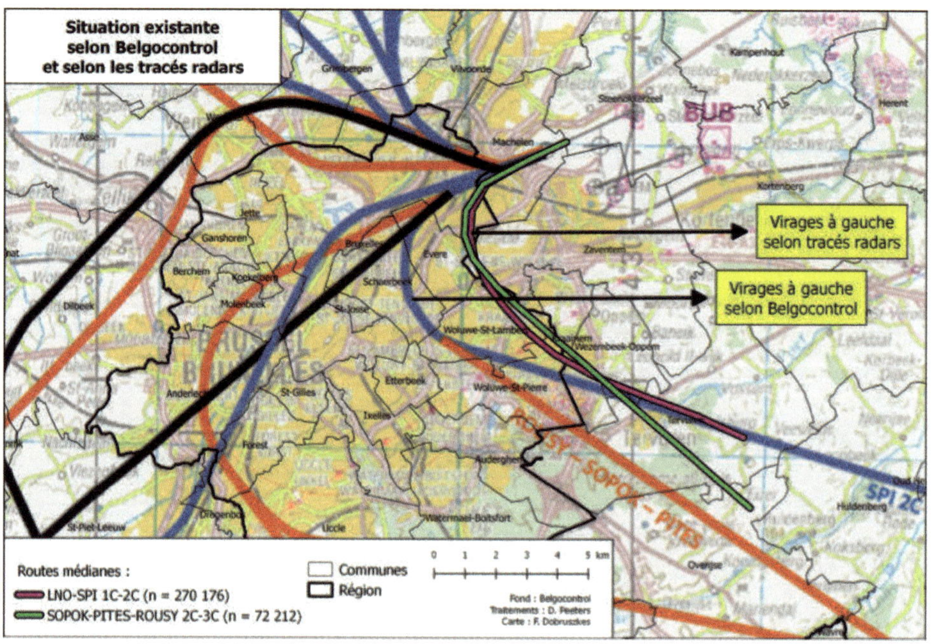

Figure 66 — L'axe central des trajectoires sud-est représentées sur cette carte n'est pas conforme à la réalité. Le survol de Bruxelles semble être déjà une réalité alors que, en fait, les trajectoires traversent la périphérie est ([Ref. 23]).

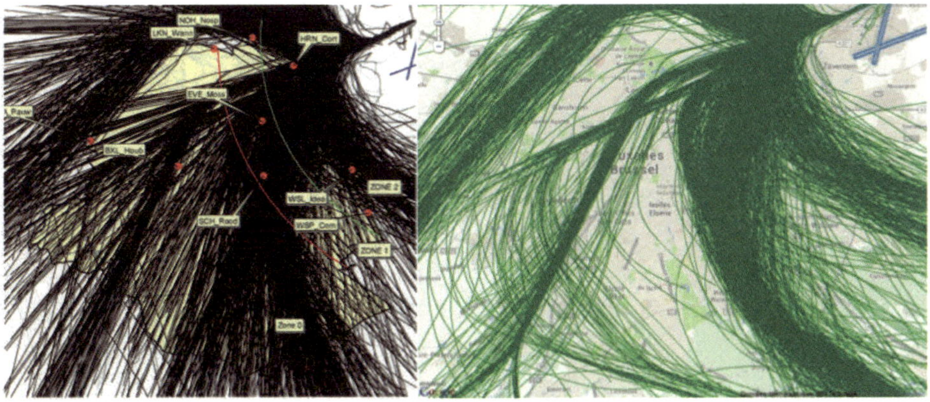

Figure 67 — Tracés radars des vols enregistrés du 6 au 14 février 2014. La carte de droite reprend les tracés réels. La carte de gauche utilise les tracés réels jusqu'à l'altitude de 5 000 pieds ; au-delà de cette altitude les tracés sont prolongés en ligne droite ([Ref. 23]).

10.9 CONCLUSIONS

Nous avons vu, en conclusion du chapitre précédent, qu'une bonne politique devrait répondre à un certain nombre de critères que nous avons résumé sous le nom de « règle des cinq **C** ». Si les aéroports wallons sont, au regard de ces règles, de bons élèves, la gestion de Bruxelles-National obtient un zéro pointé :

- **C**oncentration
  La dispersion des vols mise en place par le plan Anciaux, est toujours une réalité à Bruxelles. C'est une pratique qui paraît démocratique mais qui est, en réalité, absurde du point de vue de la nuisance totale générée. Il ne se justifie que par la recherche d'un équilibre politique reflétant la complexité institutionnelle de notre pays.
- **C**ompensation
  Aucune procédure systématique et claire de dédommagement n'a été mise en place. L'explication est aussi liée à l'architecture politique belge mais aussi certainement au coût potentiellement prohibitif de telles mesures, surtout dans un contexte de dispersion des vols.
- **C**ommunication
  La communication a été incohérente et parfois trompeuse. La voix des riverains n'a pu se faire entendre qu'au travers de procédures judiciaires initiées par des associations ou par des pouvoirs communaux.

- **C**ontrôle et sanction
  Le suivi des trajectoires et des pénalités pour non-respect des procédures est inadéquat.
- **C**ontinuité
  La situation de Zaventem est marquée, depuis le début des années 2000, par des changements incessants.

CHAPITRE 11

SYNTHÈSE ET RECOMMANDATIONS

11.1 SYNTHÈSE

Le développement continu du trafic aérien, encouragé par de multiples facteurs (mobilité accrue, tarifs réduits des compagnies *low cost*, etc.), conduit à diverses nuisances qu'il importe de maîtriser.

Les nuisances sonores aéroportuaires ont été examinées dans cet ouvrage sous l'angle technique (mesure du bruit, particularités du système auditif, sources de bruit des avions), sanitaire (effets du bruit sur la santé) et réglementaire (certification acoustique des aéronefs, procédures de vols, restrictions d'exploitation, mesures d'accompagnement).

Même si la méthodologie adoptée pour l'élaboration de plans d'exposition au bruit est similaire, on doit constater la sélection d'options radicalement différentes d'une région à l'autre (concentration des vols en Wallonie, dispersion à Bruxelles) et l'extrême disparité des mesures prises en faveur des riverains et des politiques de sanction.

Cette disparité peut être analysée dans le contexte de l'approche équilibrée prônée par l'OACI et reprise dans le Règlement européen 598/2014. Partant du constat de l'impact important des nuisances sonores sur la qualité de vie et la santé des riverains, l'approche équilibrée conduit à traiter les problèmes de bruit spécifiques à chaque aéroport d'une manière raisonnée et équilibrée en gérant au mieux les impacts environnementaux et le volet économique associé aux mesures de réduction du bruit. Elle vise également, dans ce cadre, à atteindre un rapport coût/bénéfice optimal.

Comme nous l'avons déjà indiqué, l'approche équilibrée repose sur quatre principes fondamentaux conduisant chacun, potentiellement, à une multitude d'actions correspondantes :

– Réduction du bruit à la source
  (exemple : choix d'avions plus silencieux) ;

- Planification et gestion foncière
  (exemple : règles urbanistiques) ;
- Procédures opérationnelles limitant le bruit
  (exemple : définition des trajectoires) ;
- Restrictions opérationnelles
  (exemple : couvre-feu).

Les trois premières catégories de mesures doivent être explorées avant d'opter pour des restrictions opérationnelles. Selon l'OACI, il n'est pas possible de gérer la problématique du bruit autour d'un aéroport urbain sans planification et gestion foncière.

L'évaluation d'une politique de contrôle du bruit aéroportuaire dans le cadre de l'approche équilibrée devrait dès lors reposer sur (1) l'objectivation de l'exposition au bruit de la population riveraine de l'aéroport et (2) la quantification du degré d'implémentation des mesures susceptibles de réduire l'effet des nuisances. Ces deux points sont abordés ci-dessous.

Objectivation de l'exposition au bruit

Une quantification objective de l'exposition de la population peut être obtenue via l'indicateur $L_{den,pop}$ agrégeant le nombre de personnes exposées avec le niveau L_{den} auquel elles sont exposées :

$$L_{den,pop} = 10 \times \log\left(\sum_{i=1}^{N_d} p_i 10^{L_{den,i}/10}\right)$$

où :

- N_d est le nombre d'habitations (*dwellings*) dans le plan d'exposition au bruit ;
- p_i est le nombre d'habitants dans l'habitation i ;
- $L_{den,i}$ est le niveau L_{den} relatif à l'habitation i compte tenu de sa localisation dans le plan d'exposition au bruit.

L'indicateur $L_{den,pop}$ permet de comparer différents aéroports entre eux mais aussi d'évaluer l'impact de différents scenarios d'exploitation d'un aéroport déterminé. Il se prête dès lors bien à une optimisation visant à minimiser le nombre de personnes potentiellement gênées par le bruit aéroportuaire.

Cet indicateur a notamment été utilisé dans une étude, réalisée par la société A-Tech pour le compte de Bruxelles Environnement, comparant la mise en œuvre de l'approche équilibrée sur une dizaine de plateformes aéroportuaires, dont Charleroi, Liège et Bruxelles [Ref. 29]. La Figure 68, extraite de ce rapport, donne les niveaux $L_{den,pop}$ des aéroports considérés pour l'année 2014.

On remarquera la valeur élevée (109.3) de l'indicateur relatif à Bruxelles. Cette valeur élevée résulte du choix de routes conduisant au survol d'un grand nombre de riverains situés au voisinage immédiat de l'aéroport. À l'inverse, l'aéroport de Schiphol se caractérise par une valeur plus raisonnable (106.3) de l'indicateur $L_{den,pop}$ alors que dans le même temps (année 2014) le nombre de mouvements et le nombre de passagers y sont deux fois plus élevés qu'à Bruxelles et que le trafic cargo y est quatre fois plus important. Une exploitation optimale des six pistes de cet aéroport contribue à cet excellent résultat.

Les aéroports de Charleroi (106.7) et de Liège (107.4) se situent, suivant ce critère, entre Schiphol et Bruxelles. Ceci indique que l'exposition au bruit est significative pour les riverains de ces deux aéroports. Toutefois, les mesures d'accompagnement adoptées par la Région wallonne (isolation des habitations en particulier) conduisent à une maîtrise de l'impact du bruit aéroportuaire. Il en va de même à Liège même si, dans ce cas, le nombre important de mouvements de nuit affecte fortement l'indicateur $L_{den,pop}$.

On notera que les aéroports fortement décentrés des centres urbains (Munich et Arlanda, par exemple) réalisent de meilleurs scores. Le faible taux d'occupation au sol favorise naturellement ce résultat.

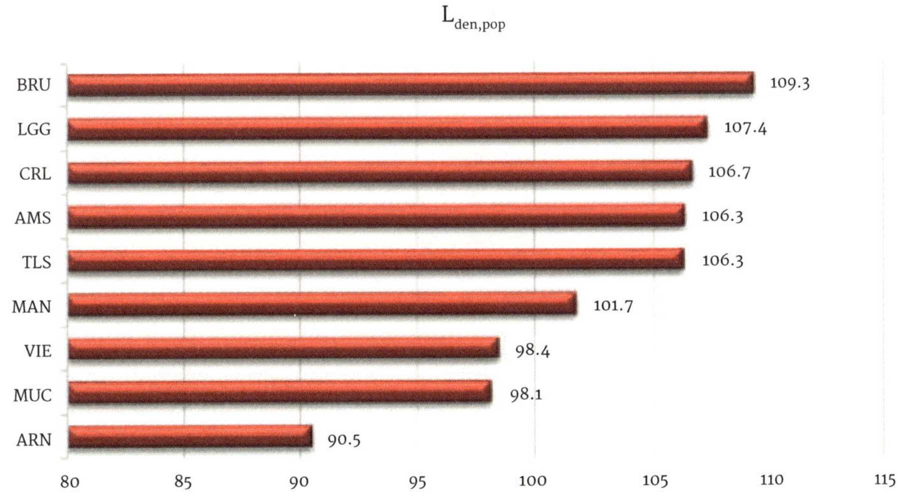

Figure 68 — Comparaison des niveaux d'exposition au bruit des avions $L_{den,pop}$ pour les plateformes aéroportuaires de l'étude A-Tech (BRU = Bruxelles, LGG = Liège, CRL = Charleroi, AMS = Schiphol, TLS = Toulouse, MAN = Manchester, VIE = Vienne, MUC = Munich, ARN = Arlanda) [Ref. 29].

Quantification du degré d'implémentation des mesures de réduction des nuisances

Lorsqu'on examine le degré d'implémentation des mesures participant à la mise en œuvre de l'approche équilibrée [Figure 69], on constate que Bruxelles se singularise par l'absence de mesures en matière de planification et de gestion foncière ainsi que dans le domaine des insonorisations. Les autres plateformes (en particulier Charleroi et Liège) sont relativement exemplaires de ce point de vue.

L'étude montre que l'augmentation de l'exposition au bruit (telle que mesurée par l'indicateur $L_{den,pop}$) appelle nécessairement une augmentation du nombre de mesures susceptibles de réduire les nuisances. Toutefois, et c'est là le paradoxe, le nombre de mesures prises ne garantit pas nécessairement une solution idéale au problème de bruit. À titre d'exemple, la multiplication de mesures de restrictions à Bruxelles ne s'est pas soldée par une amélioration substantielle de la situation vu l'absence de politique foncière et de mesures d'accompagnement en faveur des riverains.

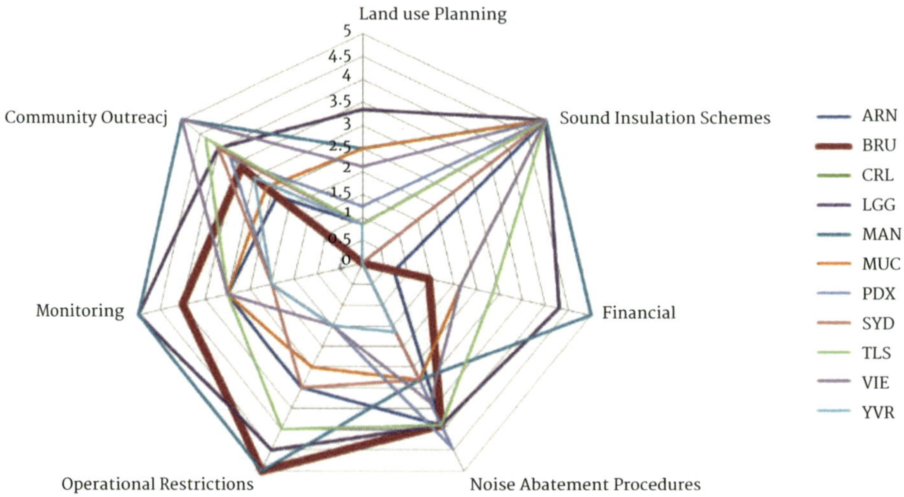

Figure 69 — Appréciation des mesures relatives à la mise en œuvre de l'approche équilibrée (ARN = Arlanda, BRU = Bruxelles, CRL = Charleroi, LGG = Liège, MAN = Manchester, MUC = Munich, PDX = Portland, SYD = Sydney, TLS = Toulouse, VIE = Vienne, YVR = Vancouver) [Ref. 29].

Quelle stratégie adopter ?
Sur base de ces considérations, il apparaît indispensable d'exploiter la complémentarité des mesures et leur interdépendance en vue d'assurer une protection suffisante des riverains. Dans le cas de Bruxelles, cette stratégie se déclinerait de la manière décrite ci-dessous.

- La sélection de trajectoires optimales, au sens où elles minimisent la gêne au sol et rencontrent les impératifs de sécurité, doit être privilégiée car elle favorise un cadre au sein duquel la mise en œuvre d'un programme d'accompagnement (achat, isolation) est budgétairement acceptable.
- Pour contenir le coût des mesures d'accompagnement, il est essentiel d'organiser une planification territoriale et de fixer, pour les nouveaux immeubles situés dans les zones les plus exposées, des normes de bruit suffisantes.

Cette démarche exige toutefois une approche réellement collaborative entre tous les intervenants, en particulier l'État fédéral (responsable de l'exploitation) et les Régions (concernées par les nuisances). Elle requiert aussi une importante phase d'étude destinée à l'évaluation de divers plans d'exposition au bruit associés à différents scenarios d'exploitation possibles. Cette phase devrait également identifier les moyens d'action envisageables. Une consultation de tous les intervenants, quelle que soit leur région d'appartenance, devrait, sous ces conditions, conduire à définir des mesures optimales de réduction du bruit.

11.2 RECOMMANDATIONS

Ces observations conduisent à formuler les recommandations suivantes :

Nécessité d'harmoniser les réglementations régionales et fédérales
Choix des indicateurs et des valeurs limites, tolérances associées, sanctions appliquées. Même si la réglementation européenne ne fixe pas de valeurs contraignantes, il semble opportun d'harmoniser les diverses réglementations.

Uniformisation des mesures d'accompagnement

Compte tenu des effets du bruit sur la santé, il n'est pas normal que des citoyens de différentes régions soumis aux nuisances sonores aéroportuaires soient traités de manières aussi différentes.

Privilégier la définition de volumes de protection environnementale

La fragilité des mesures sonométriques permet aux compagnies de contester les dépassements qu'on leur impute. De multiples facteurs peuvent affecter les niveaux perçus au sol (température, vent, etc.). À l'instar de l'ACNUSA (France), il semblerait préférable de sanctionner sur base de volumes de protection environnementale. Le contrôle des trajectoires est en effet moins affecté par les incertitudes et est donc, *a priori*, moins contestable. De tels volumes ont été mis en place par la DGAC à Orly et Roissy afin de limiter le survol des zones d'habitations denses.

Performances acoustiques des aéronefs

Même si la mise en place de volumes de protection environnementale offre un contrôle indirect du bruit perçu au sol, une vérification plus stricte des performances acoustiques des aéronefs (via les niveaux de certification) et une politique de renouvellement des flottes doivent être encouragées.

Mise en place d'un système de sanction juste

L'ACNUSA, pour reprendre son exemple, refuse d'infliger systématiquement l'amende maximale et tient compte des circonstances particulières de l'infraction (nombre de personnes survolées de manière irrégulière, altitude de survol, niveau de bruit de l'appareil, heure de l'infraction, conditions météo, caractère de récidive de l'infraction, etc.).

Régler les aspects de concurrence

Il conviendrait aussi de mieux réguler la concurrence entre plateformes aéroportuaires en veillant à harmoniser les mesures de protection des riverains (notamment en matière de vols nocturnes). Le problème peut avoir une dimension planétaire : si un avion en provenance de Tokyo atterrit à l'aéroport de Roissy le matin à 4 heures 30, c'est la contrepartie d'un couvre-feu mis en œuvre sur l'aéroport de Tokyo Narita [Ref. 40] !

Mieux communiquer

L'augmentation de la capacité environnementale des plateformes aéroportuaires est en partie tributaire d'une communication de qualité. Celle-ci peut être favorisée par la mise en place de chartes associant toutes les parties concernées.

La qualité de l'air : une nouvelle préoccupation !
Des études récentes (voir notamment [Ref. 36]) évaluent, en ce qui concerne la France, le coût des dommages sanitaires causés par les seules particules fines à un montant de 20 à 30 milliards d'euros par an. Pour la pollution atmosphérique extérieure, tous polluants confondus, l'estimation se situe entre 68 et 97 milliards d'euros. On comprend, dans ces conditions, que les compétences de l'ACNUSA en France aient été étendues à cette problématique.

ACRONYMES ET ABRÉVIATIONS

ACI	Airport Council International, Organisation représentant en Europe plus de 500 aéroports dans 45 pays
ACNAW	Autorité de Contrôle des Nuisances Aéroportuaires en Wallonie
ACNUSA	Autorité de Contrôle des Nuisances Aéroportuaires (France)
AEDT	Aviation Environmental Design Tool
AGRBC	Arrêté du Gouvernement de la Région de Bruxelles-Capitale
AGW	Arrêté du Gouvernement Wallon
AIP	Aeronautical Information Publications
BAC	Brussels Airport Company
BPF	Blade Passage Frequency (fréquence de passage d'aubage)
BPR	By-Pass Ratio (taux de dilution)
CDO	Constant Descent Operations (procédure de descente continue)
CWATUP	Code Wallon de l'Aménagement du Territoire, de l'Urbanisme et du Patrimoine
dB	Décibel
dB(A)	Décibel pondéré « A »
DGAC	Direction Générale de l'Aviation Civile (France)
DOD	Department of Defense (département de la défense, USA)
EPNL	Effective Perceived Noise Level
FAA	Federal Aviation Administration (administration fédérale de l'aviation, USA)
GIS	Geographical Information System (système d'information géographique)
HA	Highly Annoyed (fortement gêné)
HSD	Highly Sleep Disturbed (sommeil fortement perturbé)
IATA	International Air Transport Association (association internationale du transport aérien)
IBGE	Institut Bruxellois de Gestion de l'Environnement
ICAO	International Civil Aviation Organization (organisation internationale de l'aviation civile)
IGEAT	Institut de Gestion de l'Environnement et d'Aménagement du Territoire
IGMP	Indice Global Mesuré Pondéré
INM	Integrated Noise Model (modèle intégré de prédiction du bruit)
IT	Interim Target (objectif intermédiaire)
KUL	Katholieke Universiteit Leuven
MTOM	Maximum Take-Off Mass (masse maximum au décollage)
NASA	National Aeronautics and Space Administration
NNG	Night Noise Guideline

OACI	Organisation de l'Aviation Civile Internationale
OMS	Organisation Mondiale de la Santé
PBN	Performance Based Navigation
PDLT	Plan de Développement à Long Terme
PEB	Plan d'Exposition au Bruit
PNL	Perceived Noise Level (niveau de bruit perçu)
PNLTM	Maximum tone-corrected perceived noise level (niveau sonore maximal perçu avec correction des composantes tonales)
P-RNAV	Precision Area Navigation
QC	Quota Count
QM	Quota par Mouvement
RAF	Royal Air Force
RUG	Rijksuniversiteit Gent
SEL	Sound Exposure Level (niveau d'exposition au bruit)
SID	Standard Instrument Departure
SOWAER	Société Wallonne des Aéroports
SPF	Service Public Fédéral
SPW	Service Public de Wallonie
STOL	Short Take-Off and Landing (avion à décollage et atterrissage court)
TBAC	The Brussels Airport Company
TNSA	Taxe sur les Nuisances Sonores Aériennes (France)
TPNL	Tone corrected Perceived Noise Level (niveau sonore perçu avec correction des composantes tonales)
UCL	Université catholique de Louvain
ULB	Université Libre de Bruxelles
VLAREM	Vlaams Reglement betreffende de Milieuvergunning (règlement flamand en matière d'environnement)
WHO	World Health Organization (OMS)

RÉFÉRENCES

Articles et communications scientifiques

[Ref. 1] Bradley J.S., « Determining acceptable limits for aviation noise », in *Proceedings of the Internoise Conference*, 1996, p. 2541-2546.

[Ref. 2] Connor T., *The nature of the problem*, ICAO Environmental Colloquium, 2001.

[Ref. 3] Dickson N., *ICAO Noise Standards*, Destination Green, ICAO, Montréal, May 2013.

[Ref. 4] Lambert J., Vallet M., Vincent B., *Bruit des transports : effets sur l'homme, indices et règlementations*, Techniques de l'ingénieur, Octobre 2007.

[Ref. 5] Lohest F., Aubin D., *La politique aéroportuaire wallonne depuis la régionalisation*, Working Paper N° 6/2011, Institut Universitaire Kurt Bösch, Sion.

[Ref. 6] Miedema H.M.E. et Oudshoorn C.G.M., *Elements for a position paper on relationships between transportation, noise and annoyance*, TNO report PG/VGZ/00.052, July 2000.

[Ref. 7] Miedema H.M.E., Passchier-Vermeer W., Vos H., *Elements for a position paper on night-time transportation noise and sleep disturbance*, TNO Inro Report 2002-59, Janv. 2003.

[Ref. 8] Ollerhead J.B. *et al.*, *Report on a field study of aircraft noise and sleep disturbance*, DoT, London, 1992.

[Ref. 9] Red C., « The drive to boost aircraft operating efficiency continues to fuel adoption of polymer matrix composites in jet engines », in *CompositesWorld*, June 2015.

[Ref. 10] Smith Stevens S., Davis H., *Hearing : Its Psychology and Physiology*, John Wiley & Sons (1938).

Documents émanant d'organisations internationales

[Ref. 11] *Night Noise Guidelines for Europe*, World Health Organization, 2009.

[Ref. 12] *Burden of disease from environmental noise : quantification of healthy life years lost in Europe*, World Health Organization Europe, 2011.

[Ref. 13] *European Aviation Environmental Report 2016*, European Aviation Safety Agency.

[Ref. 14] *INM Technical Manual*, Revision 7.0, Federal Aviation Agency, Office of Environment and Energy, January 2008.

[Ref. 15] *The SA noise road-map : a blueprint for managing noise from aviation sources to 2050* (www.sustainableaviation.co.uk).

[Ref. 16] *Managing the Impacts of Aviation Noise : A Guide for Airport Operators and Air Navigation Service Providers*, A joint report by CANSO (Civil Air Navigation Services Organisation) and ACI (Airports Council International).

[Ref. 17] *Fourth generation aviation environment capacity management*, White Paper, Lochard, Janvier 2004 (http://www.lochard.com).

[Ref. 18] Lecture Notes of the ICAO Noise Certification Workshop held in Montréal on October 20 and 21, 2004.

[Ref. 19] Annex 16 to the Convention on International Civil Aviation : Environmental protection, Volume 1 : *Aircraft Noise*, International Civil Aviation Organization, 6th Edition of July 2011.

[Ref. 20] Environmental Technical Manual, Volume I : *Procedures for the Noise Certification of Aircraft*, International Civil Aviation Organization, Committee on Aviation Environmental Protection.

Textes législatifs européens

[Ref. 21] Directive 2002/49/CE du Parlement européen et du conseil du 25 juin 2002 relative à l'évaluation et à la gestion du bruit dans l'environnement.

[Ref. 22] Rapport de la commission au Parlement européen et au conseil sur la mise en œuvre de la directive relative au bruit dans l'environnement conformément à l'article 11 de la directive 2002/49/CE.

Documents relatifs à l'aéroport de Bruxelles-National

[Ref. 23] Dobruszkes F. *et al.*, *Analyse ex post des nouvelles procédures aériennes mises en service le 6 février 2014 dans la région métropolitaine bruxelloise*, Étude pour le SPF Mobilité et Transports, Rapport final du 7 mai 2014, Université libre de Bruxelles, Faculté des Sciences, Institut de Gestion de l'Environnement et d'Aménagement du Territoire.

[Ref. 24] Dobruszkes F., Peeters D., Bienfait J.-C., *Historique du survol de la Région de Bruxelles-Capitale*, Université libre de Bruxelles, Faculté des Sciences, Institut de Gestion de l'Environnement et d'Aménagement du Territoire, Étude commanditée par Bruxelles Environnement (2016)

[Ref. 25] Dekoninck L., Van Renterghem T., Botteldooren D., *Contours de bruit autour de Brussels Airport pour l'année 2015*, PA2016_001_BAC, INTEC, Avril 2016.

[Ref. 26] *Actieplan omgevingslawaai voor de luchthaven Brussels Airport, 2013-2018*, Departement Leefmilieu, Natuur en Energie (LNE), Décembre 2013.

[Ref. 27] *Actieplan omgevingslawaai voor de luchthaven Brussel-Nationaal 2016-2020*, LEN report, 2016.

[Ref. 28] http://www.brusselsairport.be/fr/env/noisemonitoring/

[Ref. 29] Exploitation des aéroports à vocation internationale en vue de prévenir et de réduire les nuisances sonores – Benchmarking, A-Tech Acoustic Technologies et ANOTEC Engineering, Étude réalisée pour Bruxelles Environnement, 2015.

[Ref. 30] Bruit des transports – Cartographie stratégique en Région de Bruxelles Capitale, Bruxelles Environnement, 2006.

[Ref. 31] Évolution du nombre de dossiers introduits auprès du Service de médiation de 2002 à 2016, AirportMediation.

Documents relatifs aux aéroports wallons

[Ref. 32] ACNAW, Rapport d'activité 2014-2015, Section 6.2.

[Ref. 33] Avis GW/2003/1 (30 octobre 2003), Demande d'avis sur le projet de décret du Gouvernement wallon modifiant l'article 1er bis de la loi du 18 juillet 1973 relative à la lutte contre le bruit.

[Ref. 34] Avis de l'ACNAW au Gouvernement Wallon 2009/1 du 27 avril 2009 relatif au Projet d'arrêté du Gouvernement wallon remplaçant l'arrêté du Gouvernement wallon du

29 janvier 2004 relatif aux sanctions administratives en matière de nuisances sonores aéroportuaires.
Avis de l'ACNAW rendu à la demande du Ministre ayant la gestion aéroportuaire dans ses attributions (25 octobre 2010) et relatif à l'avant-projet de textes ayant trait à la mise en œuvre d'un mécanisme de sanction des infractions visées par le décret du 23 juin 1994.

[Ref. 35] Avis INIT 2008/1 « Décret du 22 novembre 2007 portant modification du décret du 23 juin 1994 relatif à la création et à l'exploitation des aéroports et aérodromes relevant de la Région wallonne », ACNAW, 2008.
Avis INIT 2015/1 « Dispositions en matière de limitation du bruit associé aux arrivées tardives d'avions basés à l'aéroport de Charleroi Bruxelles Sud », ACNAW, 2015.

Documents relatifs aux aéroports français

[Ref. 36] Rapport annuel 2015 de l'ACNUSA.

[Ref. 37] Comité de pilotage du Conseil pour la recherche aéronautique française (CORAC), Rapport de synthèse, Mai 2009.

[Ref. 38] *Analyse de la pertinence des classifications de bruit des aéronefs*, Rapport WN01IEN, Iénair et ACNUSA, 2012.

[Ref. 39] *Pollution de l'air: le coût de l'inaction*, Conclusions des travaux de la commission d'enquête sénatoriale française sur le coût économique et financier de la pollution de l'air, juillet 2015.

[Ref. 40] Livre blanc sur l'avenir des transports, Contribution de l'ACNUSA, 2010. Aussi : ACNUSA, Révision de la Directive 2002/30/CE.

Sites web et documents divers

[Ref. 41] TransDigm Group Profile sur le site « The Rational Walk ».

[Ref. 42] http://silentaircraft.org

[Ref. 43] https://en.wikipedia.org/wiki/Quota_Count_system

[Ref. 44] http://www.sowaer.be/

TABLE DES MATIÈRES

LES AUTEURS

Jean-Pierre Coyette est professeur à l'Université catholique de Louvain.

Jean-Louis Migeot enseigne l'acoustique à l'Université Libre de Bruxelles. Ils ont cofondé, en 1998, la société Free Field Technologies qui est un des leader mondiaux dans le domaine de la modélisation des phénomènes sonores.

Autre publication :

Migeot J.-L., Coyette J.-P., Lielens G., *Phénomènes fondamentaux de l'acoustique linéaire*, Cachan, Lavoisier, 2015.

Migeot J.-L., *Des chiffres et des notes. Mathématique et solfège, physique et musique : une introduction,* Académie Royale de Belgique, coll. Transversales, 2015.

COLLECTION « MÉMOIRES »

Les Minorités, un défi pour les États. Actes de colloque (2012)

L'idéologie du progrès dans la tourmente du postmodernisme. Actes de colloque (2012)

Denis Diagre, *Le Jardin botanique de Bruxelles (1826–1912). Reflet de la Belgique, enfant de l'Afrique* (2012)

Musique et sciences de l'esprit. Actes de colloque (2012)

Catherine Jacques, *Les féministes belges et les luttes pour l'égalité politique et économique (1914-1968)* (2013)

Athéisme voilé/dévoilé aux temps modernes. Actes de colloque (2013)

Stéphanie Claisse, *Du Soldat Inconnu aux monuments commémoratifs belges de la Guerre 14-18* (2013)

Georges Bernier, *Darwin, un pionnier de la physiologie végétale. L'apport de son fils Francis* (2013)

Jacques Reisse, *Alfred Russel Wallace, plus darwiniste que Darwin mais politiquement moins correct* (2013)

La démocratie, enrayée ? Actes de colloque (2013)

Catherine Thomas, *Le visage humain de l'administration. Les grands commis du gouvernement central des Pays-Bas espagnols (1598-1700)* (2014)

Francis Robaszynski, Francis Amédro, Christian Devalque et Bertrand Matrion, *Le Turonien des massifs d'Uchaux et de la Cèze* (2014)

Pierre Verhas, *L'histoire de l'Observatoire royal de Belgique* (2014)

L'Homme, un animal comme un autre ? Actes de colloque édités par Jacques Reisse et Marc Richelle (2014)

La bataille de Charleroi, 100 ans après. Actes de colloque (2014)

Pierre Assenmaker, *De la victoire au pouvoir. Développement et manifestations de l'idéologie impératoriale à l'époque de Marius et de Sylla* (2014)

De Mons vers le Nouveau Monde. Lettres de Jean-Charles Houzeau en Jamaïque (1868-1876), Hossam Elkhadem et Marie-Thérèse Isaac (éd.) (2015)

Le Quatrième partage de la Pologne. Actes de colloque (2015)

Frédéric Boulvain et Jean-Louis Pingot, *Genèse du sous-sol de la Wallonie* (2015, 2e éd. revue et augmentée)

La liberté d'expression. Menacée ou menaçante ? Actes de colloque (2015)

Robert Wangermée et Valérie Dufour (dir.), *Modernité musicale au XXe siécle et musicologie critique. Hommage à Célestin Deliège*. Actes de colloque (2015)

Jean-Louis Migeot, *Des chiffres et des notes. Mathématique et solfège, physique et musique : une introduction* (2015)

Hugues Bersini, *Quand l'informatique réinvente la sociologie* (2015)

Jean-Louis Kupper, *Notger de Liège (972-1008)* (2016)

Émile Biémont, *Le règne du temps : des cadrans solaires aux horloges atomiques* (2016)

Février 1945, la Conférence de Yalta. Actes de colloque (2016)

L'évaluation de la recherche en question(s). Actes de colloque (2016)

Jean-Charles Speeckaert, *Dominique de Lesseps. Un diplomate français à Bruxelles au temps du renversement des alliances (1752-1765)* (2016)

Marc Groenen, *L'art des grottes ornées du Paléolithique supérieur* (2016)

Stéphanie Claisse, *Monuments aux morts... et aux survivants belges de la Guerre 14-18* (2016)

Charleroi 1666-2016. 350 ans d'histoire des hommes, des techniques et des idées. Actes de colloque (2016)

Émile Biémont, *L'arc-en-ciel : Mythes, art, science et histoire* (2017)

Marc Richelle, *Sciences humaines. N'y a-t-il que des imposteurs ?* (2017)

BEST-SELLERS

COLLECTION « L'ACADÉMIE EN POCHE »

Hervé Hasquin, *Les pays d'islam et la Franc-maçonnerie*, n° 13, (2013)

Hervé Hasquin, *Déconstruire la Belgique ? Pour lui assurer un avenir ?*, n° 42, (2014)

Françoise Meunier, *Quel avenir pour la recherche clinique en cancérologie ?*, n° 28, (2014) - En anglais : Françoise Meunier, *What is the future of cancer research?* (2014)

Baudouin Decharneux, *La religion existe-t-elle ?*, n° 8, (2012)

Bruno Colmant, *Voyage au bout d'une nuit monétaire*, n° 11, (2012)

Baudouin Decharneux, *Lire la Bible et le Coran*, n° 26, (2013)

Richard Miller, *Liberté et libéralisme ? Introduction philosophique à l'humanisme libéral*, n° 4, (2012)

Bruno Colmant, *Capitalisme européen : l'ombre de Jean Calvin*, n° 27, (2013)

Philippe de Woot, *Repenser l'entreprise. Compétitivité, technologie et société*, n° 20, (2013)

John F. May, *Agir sur les évolutions démographiques*, n° 22, (2013)

Jean-Pol Schroeder, *Le jazz comme modèle de société*. Livre-disque, avec la participation du Steve Houben trio, n° 40, (2014)

Bruno Colmant, *Crises économiques et dette publique*, n° 44, (2014)

Philippe de Woot, *L'innovation, moteur de l'économie*, n° 43, (2014)

Frans C. Lemaire, *Dimitri Chostakovitch. Les rébellions d'un compositeur soviétique*, n° 25, (2013)

Valérie André, *La rousseur infamante. Histoire littéraire d'un préjugé*, n° 32, (2014)

Benoit Frydman, *Petit manuel pratique de droit global*, n° 48, (2014)

Gilbert Hottois, *Le transhumanisme est-il un humanisme ?*, n° 47, (2014)

Pierre Petit, *Patrice Lumumba. La fabrication d'un héros national et panafricain*, n° 71, (2016)

Marc Wilmet, *Petite histoire de l'orthographe française*, n° 51, (2015)

Jacques Scheuer, *L'Inde, entre hindouisme et bouddhisme. Quinze siècles d'échanges*, n° 21, (2013)

Hervé Hasquin, *Le soi-disant « Gladio belge »*, n° 76, (2016)